# 풀별 일지

# 풀별 일지

김초성 들풀 에세이

세종출판사

# 작가의 말

나의 이번 수필집은 들풀과 덩굴식물, 식물과 쓰임새, 꽃에 얽힌 설화, 들풀에 엮인 에피소드를 테마로 다루고 싶었다. 들풀이 인류에게 미치는 생존 관계에 대한 재인식과 들풀의 존재 가치를 수필적 스토리로 묶어내려 하였다. 주변에 깔려 있는 식물에 관한 애착과 관심이 환경과 지구촌 살리기에도 일익을 할 수 있는 계기가 되었으면 한다.

소소하고 하찮은 이야기일지라도 자연환경에서 흥미를 이끌어 주는 수필로 공감할 수 있었으면 한다. 꽃과 야초, 덩굴식물을 통해 생태적 가치와 식물에 얽힌 새로운 인식을 심어주고 이들을 사랑하는 마음을 늘 함께했으면 하는 바람이다. 주제가 된 식물의 생태학 식물학 생약학적 부분은 전문가의 몫이므로 가급적 지양하였으니 양해해 주시기를 바란다.

2023년 9월

달맞이언덕에서 김초성

# 목차

## 제2부 소리쟁이

## 제3부 개망초

## 제4부 박주가리

## 제5부 이 봄에 꿈을 꾼다

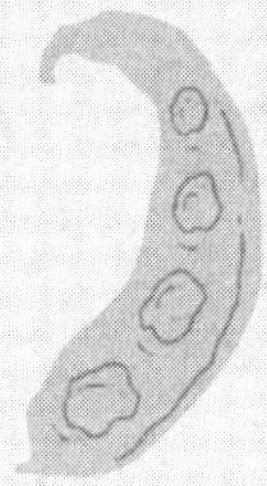

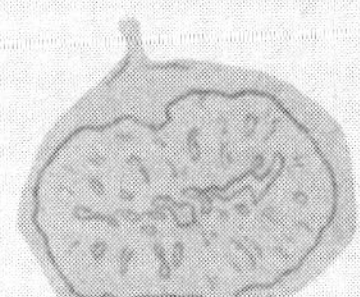

# 제1부

# 돌콩

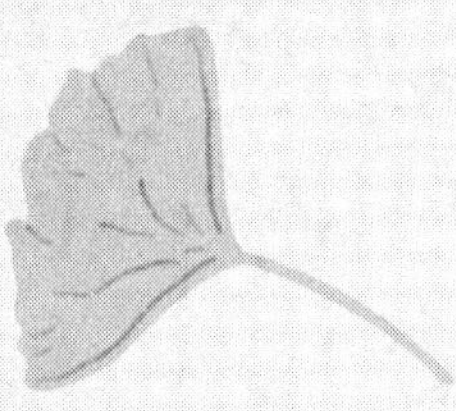

디기탈리스 / 인동초

무화과 / 아마폴라 / 돌콩

엉겅퀴 / 은행나무 / 댑싸리

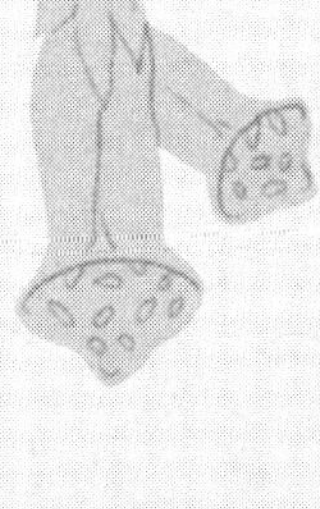

# 디기탈리스

**머릿속에** 입력해 두어야 할 것이 기백 가지가 된다. 약초 하나마다 갖고 있는 생약명 학명과 성분 약효 원산지 등을 외우다 보면 혼돈의 세계 속을 넘나들기 일쑤다. 하고 많은 약초 중에 왜 하필 디기탈리스인가.

"제발 부탁한다. 사회에 나가서도 최소한 이것만은 잊어버리지 마라."

학점 짜기로 유명한 Y교수는 제때 기억하지 못해서 체면 잃는 일은 없도록 하라고 간절히 당부하셨다. 디기톡신, 디곡

신, 강심, 이뇨, 배당체~. 학부 시절에 그저 실체를 모르고 어렵기만 했던 것들을 강제로 외우려면 골머리가 아팠다. 그 덕분에 수십 년이 지나도록 디기탈리스는 뇌 속에 진한 글씨로 각인되었다. 인기도 별로 없던 그분이 나도 모르게 가슴 속 한구석에 들어와 박혀 있었던 것이다.

오랜 세월이 지난 후 어느 여름날, 수목원 숲길에서 그들을 처음 만났을 때 난 너무 반가워 소스라칠 뻔하였다. Y교수의 말소리가 귀전에 맴돌았다. 평생 꽃 이름 하나로 이렇게 마음을 사로잡을 줄이야. 조롱조롱 매달린 꽃 속에서 차임벨 소리가 울리고 저 안쪽에서는 군락을 이룬 디기탈리스들의 허밍 코러스가 은은히 들려왔다. 그들은 올곧게 곧추서서 나를 환영해 주었다. 숲속에 불 밝힌 하양 보라 빨강 분홍으로 다양하게 어우러진 종들이 꽃으로 환생한 듯 황홀했다. 경황없는 두근거림이 계속되었다. 그 와중에서도 처음 상면한 저 꽃을 어떡하면 우리 정원에 모셔올 수 있을까, 내 안에서 숨길 수 없는 속성이 꿈틀거렸다. 어쩌자고 탐심이 발동했는지 민망스럽기만 하다. 마침 씨앗이 영글지 않았을 때라서 아쉬움으로 마음 달랬다. 디기탈리스! 네가 그곳에 그대로 있는 게 오히려 더 아름답고 신비로워.

본래 남서부 유럽이 원산지인 디기탈리스는 흔히 볼 수 있는 꽃은 아니다. 근래는 온난화 탓인지 우리나라에도 귀화해서 어쩌다 한 번씩 눈에 띈다. 약간 크고 고운 낱송이는 참깨꽃 이미지를 연상케 한다. 접시꽃처럼 밑에서부터 위로 올라가며 차례로 꽃을 피우는 여러해살이다. 구월쯤 파종을 하면 다음 해에 여러 색깔의 꽃을 볼 수 있어 감탄을 자아낸다. 하지만 꽃과 잎새, 줄기와 뿌리 전초에 모두 독성이 있으니 약효와 중독의 양면성을 지닌 조심스러운 약초다. 초식동물들은 쓴맛을 지닌 이 약초를 어찌 그리 잘도 알고 먹지 않을까. 신통하다. 쓴맛이 미리 보호 작용을 해 준 것일까.

뇌전증(간질)과 조울증 두통에 시달렸다던 화가 고흐. 그의 동생 테오에게 쓴 편지에는 디기탈리스 이름을 밝혀준 구절이 있다. 그가 정신병원에서 상용했던 약이 바로 디기탈리스에서 추출한 디기톡신이었다. '의사 가세의 초상'이란 유명세를 탄 그의 작품 속 책상 위에는 보라색 디기탈리스가 별나게 돋보인다. 닥터 가세의 이지러진 얼굴과 몸짓을 통해서 디기탈리스의 독성에 의한 고통을 대신 알리려는 메시지라 여겨진다. 후세의 논리대로 그가 만약 메니에르증후군을 겸해서 앓았다면 그래도 디기탈리스를 과용했을까. 그가 즐겨 마시던 압생트로 알코올 중독증상까지 이어졌으니 황색시증과 정신착란은 더 심해졌을지도 모를 일이다. 고뇌 속의 예술혼과 생이 애틋했지만 어찌 보면 그리 불행하기만 한 화가가 아니었을지도 모른다는 생각도 해본다.

좋아하는 그림을 끊임없이 그리고 새로운 구상에 몰입했던 순간들은 오히려 행복했으리라. 그의 창작 의욕은 가히 짐작하기가 어렵다. 불과 십여 년에 구백여 점이 넘는 작품을 남겼을 정도니 습작을 더하면 거의 하루 이틀에 한 작품씩 완성했다는 기록이 된다. 그림에 미치고 도취되지 않고서야 어디에서 그런 에너지가 나올까. 그는 가난한 화가, 배고픈 화가가 아니었다. 내면은 항상 감성으로 가득 차 있었고 열정이 넘쳤으니. 그림에 몰두하면서도 쓰고 읽기를 멈추지 않는 앎이 깊은 문학 애호가이기도 했다. 소재를 두고 생각과 말을 빛과 색채로 그리지 않으면 산화해버릴 것 같았을지도. 넘치는 열정을 다 뿜어내지 못해 조울증, 황시증, 알코올중독 등을 빌어 그를 정신 분열에 이르게 했을지도 모르겠다. 즐겨 표현하던 노랑 색채는 변화를 원하는 희망의 상징이었고 물결치듯 흔들리는 풍경들은 현기증을 이겨내려는 흔적일 것이다. 거기에 디기탈리스가 동행하고 있었다.

휴전이 시작된 직후 초등학교 이학년 때다. 담임선생님이 조무래기 학생들을 한 줄로 쭉 세워놓고 산토닌이란 기생충 구제약을 억지로 먹여 주었다. 하늘이 노랗게 보이고 어지러워서 밖에 나가 놀지 못했던 그날. 노란 세상이 끝없이 이어지는가 싶었고 제정신이 아니었던 그 구충제도 그랬다. 노란 하늘은 무언가 다른 환상적인 세상이 열릴 것 같았고 알 수 없는 마음 트림이 나올 것만 같았으니까.

약효만큼 독성도 강한 디기탈리스. 지금까지도 심장질환에 없어서는 아니 되는 중요한 약재 디기탈리스. 나는 '제발 잊지 말라.' 하시던 그 교수님의 부탁을 충실히 지켜왔던가.

아, 디기탈리스!

**디기탈리스 digitalis purpuria**

- 분 포 지 : 유럽 아프리카 동북부 발칸반도 중앙아시아 헝가리
- 약명별명 : 모지황 양지황 심장풀
- 효 능 : 심장질환(울혈성심부전 심장박동소실 강심) 이뇨 뇌전증
- 부 작 용 : 황색시증 부정맥 빈맥 경련 오심구토 중추신경마비 현훈 이명 시각장애

# 인동초

**금은화가** 흐드러졌다. 인동덩굴은 한두 해만 잘 관리해도 아치형 터널을 근사하게 만들 수 있다. 장마가 올 무렵 굵고 건강한 새 가지를 골라 삽목을 해둔다. 뿌리가 내리면 다음 해에 옮겨 심고 지지대가 든든한 아치로 덩굴을 유인하면 된다.

겨울을 견디어 낸 새로운 개체로 살아나 일단은 성공한 것이다. 새순 자리를 잘 보고 전지해 관리하면 오밀조밀 꽃눈이 무성하게 피어난다. 짧은 시간에 왕성하게 세력을 넓혀가는 넝쿨, 사철 살아 있는 초록 잎새, 은은한 향과 오묘한 꽃은 차별화된 정원을 장식하는 주인공이 되기에 충분하다.

문득 "인동아~"라고 하늘에 대고 불러본다. 11년간 동고동락했던 반려견 인동이, 이제는 멀리 떠나고 내 곁에 없다. 그 애를 잊지 못해 나의 이메일 주소는 인동마더*indongmother*란 이름으로 지금껏 오랜 세월 기념하며 함께 지낸다. 처음 만나던 날, 인동초를 무척 좋아했다는 어느 분의 닉네임이 불시에 생각나 인동이란 이름을 붙여주었다. 무던하면서도 고집이 있는 인동이었다. 그래서인지 인동초와는 특별한 애정과 관심을 가지고 바라본다.

다년생 덩굴식물인 인동초는 계절을 가리지 않고 생생하게 살아간다. 북풍한설에도 푸르름을 유지하며 강인하게 산다는 '참을 인忍 겨울 동冬' 인동초라고 부른다. 서양에서는 꿀에 젖다는 의미로 허니 서클*honey suckle*이라고도 불러오는 인동초, 6~7월에 한창 무리 진 꽃이 장관이다. 붉은색 인동꽃은 여러 봉오리가 모여 한 숭어리로 모양을 이루어 핀다. 하얀과 노랑꽃은 하나의 개체인데 갓 피어난 노란색이 수분을 하게 되면 서서히 밝은 흰색으로 변한다. 노란색이 시집을 가면 흰색으로 변하는 것이다. 이에 금빛 은빛을 닮았다 해서 금화 은화 금은화라고도 불러준다.

여러 개 수술을 나팔처럼 내밀어 노래를 부르는 듯 길게 뻗친 별스러운 모양과 매력을 지녔다. 그렇게 바람도 불러들이고 벌 나비를 유혹한다. 야밤엔 매혹적인 향기를 내뿜고 야행성 나방들까지 꼬셔 들인다. 두세 개의 꽃잎을 뒤로 젖히고서 수줍은 듯 암술을 빼꼼히 내보이면 박각시 그놈은 기다란 빨대로 공중 주유를 한다. 꿀을 빨아 먹는 대신 여기저기 다니며 수분을 해주는 것이다. 둘 다 은밀한 밀회에 목이 탄다. 아마도 많은 꽃을 피워내 널리 쓰임 받자는 내막일까, 누이 좋고 매부 좋다. 자연의 조화로운 이치에 감탄을 연발하고야 만다.

화가 루벤스와 그의 부인 이사벨라가 서로의 손을 포개고 깊은 사랑을 다짐하는 초상화를 보면 그 배경이 눈에 띈다. 인동덩굴 향기 그윽한 그늘 아래에서 포즈를 취한 그네들의 사랑이나 취향을 알 만도 하다. 그들도 꽃말처럼 인동초를 옆에 두었던 이유를. 미상불 중세 이전에서부터도 인동화는 모두에게 사랑받던 꽃인가 싶다. 그리스 로마인들이 즐기는 아칸서스 문양처럼 우리 고대인들도 인동초를 즐겨 색인했었다.

옛 민화나 벽화에서 연꽃 모란 국화 포도 다음으로 인동덩굴이 당초무늬로 그려진 걸 보게 된다. 삼국시대로부터 이어져 온 각종 유물, 건축과 공예장식에는 덩굴이 뻗어나가는 멋스러운 형상과 꽃 모양을 도안한 무늬가 돋보인 것을 볼 수 있다. 리드미컬하게 이어진 인동 당초문은 아칸서스 문양 못지않게 우아하다. 옛사람들은 대나무 소나무와 비유될 만큼 인동초의 절개를 신앙적이고도 문화적으로 새기며 아꼈다. 시대가 달라졌듯이 모던한 무늬로 변신해 놓았을 누군가의 솜씨에 눈을 밝힌다.

인동초가 오래전부터 흥미를 끌었던 이유를 생각해 본다. 인동초는 두루 생산성이 좋은 덩굴식물이다. 잎 뿌리 꽃 열매 어느 것 하나 버릴 게 없는 알찬 약초. 다양한 약효에 한방에서는 치료에 으뜸가는 비치 품목 중의 하나다. 단맛과 쓴맛을 지니고 찬 성질을 가진 꽃봉오리 금은화는 개화 직전의 것이 약효가 좋다. 개나리 열매를 말린 연교와 단짝을 이뤄 항바이러스, 항염제로 쓰이는 긴요한 약재, 한방에서는 없어서는 안 될 천연 항생제와 같다.

금은화로金銀花露라 하여 꽃봉오리를 증류한 증류액을 해열 해독에 쓰이나 아로마 효과를 노려 치료용으로 쓰면 더 좋다. 근래엔 피부노화방지에 새롭게 쓰이고 화장품 재료로도 선택받고 있으니 시대 따라 쓰임도 앞서서 진화하는 인동덩굴은 팔방미인이다.

기분 좋은 생각들을 떠올리게 해주는 감미로운 차향을 즐기는 팁을 제공한다. 만개 직전에 꽃봉오리를 딸 때 잎새를 두어 개 붙여서 딴다. 그늘에 반건조시켜서 덖지 않고 냉동실에 바로 보관한다. 뜨거운 물에 타서 서서히 우려내어 마신다면 다른 방법보다 향을 더 즐길 수 있다. 음미해 보시라. 두 번째 멋진 팁은 꽃봉오리를 담금주에 석 달쯤 숙성하여 꽃술로 만든다. 특별한 손님 대접으로 품격을 달리하기에 아주 그만이다. 주빈의 내면에 스민 멋을 부려볼 수 있는 비결의 하나가 아닐까. 무독성이나 장복은 금한다.

**인동초(금은화) lonicera japonica, Hoeny suckle**

- 분 포 지 : 한국 일본 중국 유럽 각지
- 약명별명 : 인동 인동덩굴 능박나무 겨우살이덩굴 금은화 이화(二花) 길상화 금은등 성인동
- 효　　능 : 잎과 꽃-각종 염증, 해독 이뇨 통풍성 관절통 감기 이뇨 해독 건위 해열 소염 지혈제. 열매 은화자-청혈 청량 작용으로 항산화 효과
- 식　　용 : 잎과 여린 줄기 꽃은 샐러드로 나물 담금주 꽃차

# 무화과

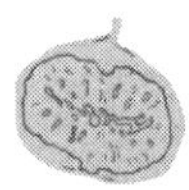

**실하게** 익어간다. 지난해보다 제법 많이 열렸다. 탐스러운 열매를 점찍어 두고 아침에 거두리라 마음먹고 있었다. 잼도 만들고 샐러드를 해 먹으려고 기대하는데 까치들이 내가 나가기도 전에 미리 와 있다. 걱정이 여간만 아니다.

일찍 일어나는 새가 벌레를 많이 잡는다고 한다. 영악한 새가 제일 잘 생기고 맛 좋은 것만 골라 먹어 치우니 대책이라도 세워야 할 것 같다. 거기다 장거리 원정을 마다하지 않고 찾아온 개미 부리와 벌들까지 가세하니 무화과는 아예 넉넉히 품을 넓히기 시작한다.

무화과를 지키기 위해 달콤한 새벽잠을 빼앗길 수는 없는 노릇이다. 솔직히 내가 게으르다 보니 그냥 놓아둘밖에 별다른 수가 없다. 먼저 오는 자가 먼저 얻는다는 자연의 법칙이 있지 않던가. 부지런한 까치가 챙기는 몫은 아무래도 나보다 나을 것이다. 까치에게 빼앗길까 봐 심사가 뒤틀려 있으니 놀부 마누라 심보나 다름없다.

언제나 사람을 우선으로 앞세우는 게 문제다. 내 집의 주인은 나 혼자만이 아님을 아침마다 까치가 일깨운다. 마음을 좀 비우라는 암시인 게다. 무화과를 얻는 것이 행복만은 아니다. 저희들에게는 양식이 되어 좋고 나는 여유로운 사람이 되어 좋으리라. 뭇 생명들이 살아가면서 그들 간에 보이지 않는 공존의 법칙을 깨우쳐가는 것이 더 큰 기쁨이라 여긴다. 작은 것이 모여 큰 것을 이루고 큰 것은 작은 것들의 존재를 인정하는 생태계이다. 애벌레와 벌 나비며 까치들이 내 집에 있다 해서 내가 그들 앞에 군림할 수는 없는 법.

세상이란 아주 잠시 살고 가는 둘레이다. 그 둘레 속에 머무는 시간은 더없이 짧다. 그럼에도 나무와 풀과 하늘을 혼자서 소유하려는 옹색함을 드러내었다.

내 마음에서 번져 나는 옹졸함을 그들인들 어찌 눈치채지 못할까. 배려가 없는 곳에는 다시 찾아오지 않을지도 모른다. 모든 생명체가 숨 쉬고 살게 해주는 자연이 바로 주인인 것을. 내일 아침에는 까치의 지저귐이 좀 잦아든 후에야 슬슬 나가 보리라.

꽃이 없는 열매, 꽃을 품은 과일이라고도 하는 무화과. 무화과는 두터운 꽃받침에 둘러싸인 꽃봉오리를 쉽게 펼치지 않는다. 수줍은 양 입술을 오래도록 앙다물고 있다. 지중해 연안 아열대 햇살 같은 열기가 볼을 스치면 그때서야 슬며시 입술을 내밀고 나나니들을 맞이한다. 나나니벌들은 달짝지근한 아방궁에서 밀회를 즐긴 후 꽃술 속에 알을 낳고 일생을 마친다. 무화과는 나나니의 산실을 제공하고 나나니는 무화과에게 수분授粉을 해주는 공생관계 속에서 창조물의 조화를 지켜가는 것이다. 태양과 무화과꽃과 나나니는 여름의 정령이 맺어준 뗄 수 없는 인연이다. 선물이다.

아주 오래전, 세비야지방을 지나는 중에 마른 무화과 덩어리를 보물인 양 사 들고 왔다. 겉 포장도 없이 비닐에 수십 개를 둥글납작한 덩어리로 뭉쳐놓은 것이다. 그래도 충분히 구매력에 끌렸다. 꽤나 묵식한 누 덩이. 상품화된 말린 무화과가

드문 때여서 선물용으로 좋으리라 싶었다. 그 자리에 서서 졸지에 혼자 별난 흥미를 이끌어냈다. 광장에서 보았던 동상 때문이었을까. 그곳에서는 콜럼버스를 영웅으로 무척 추앙하고 있었다.

후세에 학자들은 크리스토퍼 콜럼버스가 남긴 이중적인 결과를 다투어 기록했다. 원주민들의 생명과 재산을 수탈해 간 그들 일행의 탐욕은 인디오의 존엄마저 빼앗아 버린 잔인함 그 자체였다. 그는 산타마리아호를 타고 대서양을 항해할 때 생존을 위한 비상식량으로 무엇을 준비했을까. 미상불 말린 무화과를 필수 구호품으로 챙겼을 법하다. 그들은 진즉에 생활 속에서 터득한 무화과의 여러 가지 영양분과 치료 효능을 실용화했을 터이므로. 나의 관심사는 오로지 무화과일 뿐이었다.

온난화 기후에 접어든 덕분에 여름이면 쉽게 구해 먹을 수 있어 좋다. 성서에서는 무화과를 지혜의 나무, 생명의 나무, 금단의 나무라 은유한다. 비유하지 않더라도 몸과 마음의 양식으로 그 의미와 효용은 헤아릴 수없이 많다. 기후와 토양에 맞는 결실을 지구촌 생명들을 위해 베풀어주는 신성한 자연이 바로 우리의 주인이다. 땅의 주인은 따로 있는 것을.

깨금발 딛고서 담 너머로 뻗어나간 무화과를 남김없이 걷어 들이고저 가지를 흔들어대던 우졸한 그녀가 눈에 어린다.

**무화과 ficus carica**

- 분 포 지 : 지중해 동부 중동 터키 이란 파키스탄 햇살 좋은 온대지방
- 약명별명 : 무화과 천생자 밀과 문선과 영이로 우현발 아장
- 효 능 : 피로회복 윤장 변비 위장관 보호 심혈관계 질환 빈혈 항염 암 예방 골다공증 항산화 동맥경화
- 부 작 용 : 유백색 수액 -피부에 닿을 때 알레르기 반응 가려움증 부종

# 아마폴라

**삼삼한** 추억을 되살린다. 이십 수년 전, 안달루시아 지방 세비야를 지나 코르도바로 가는 중이었다. 긴 이동시간이 지루해질 무렵 들녘에 핀 빨강 꽃에 그만 정신을 빼앗기고 말았다.

드물게 한두 송이 피었거나 멀리 무리 지어 핀 붉은 들꽃이 너무나 매혹적이었다. 가냘픈 꽃대에 한 송이씩 피워낸 꽃이 어찌 보면 누군가를 애타게 그리워하는 듯했다. 꽃들을 낱낱이 들여다보면 정열을 불태우지 못해 외로움에 젖은 집시인

양 하여 자꾸만 눈이 갔다.

꽃 이름을 묻는 내게 가이드는 '이스나올'이라 대답한다. 처음 듣는 이름으로 낯설다 싶어 다시 물었다. 이번엔 '잇스나올'이란다. 호기심이 발동하여 재차 또 물었다. 그때야 천천히 "잇스 낫 올리브*It's not olive*" 아 아, 그건 올리브가 아니란다. 자기가 모르는 꽃은 모두가 잇스 낫 올리브였다. 올리브 특산지인 이 지방 특유의 빠른 말씨 때문에 삼세번을 묻고서야 제대로 알아듣게 되었다. 나중에 알게 된 그 꽃은 바로 '아마폴라'라는 양귀비와 유사한 개양귀비꽃이었다. 우리네의 들국화와 쑥부쟁이 구절초 어매구절초처럼 처음엔 구별이 잘 안 되는 것쯤으로 비유하면 좋을 듯하다. 불현듯 안도현의 시구가 생각나 피식 웃는다.

> 쑥부쟁이와 구절초를/ 구별하지 못하는 너하고
> 이 들길 여태 걸어왔다니
> 나여, 나는 지금부터 너하고 절교다!
>
> —「무식한 놈」 전문

얼핏 보면 우리네 그것처럼 구별이 잘 안 가기도 한다.

여러 성악가들이 애창해왔던 '아마폴라'라는 명곡을 자주 들었기에 꽃 이름만은 익히 알고 있던 터였다. 벌써 오랜 세월이 지났는데도 이 감미로운 선율은 영화에 삽입곡으로, 솔로곡으로, 뮤지컬 음악으로, 애호가들에게 여전히 사랑을 받고 있다. 스페인이나 멕시코에서는 프러포즈를 할 때 사랑의 찬가로 불릴 정도로 아낌을 받는다. 아마폴라는 지중해 더운 지방에서 흔히 보는 야생 양귀비꽃이다. 옛 당나라 현종이 사랑했던 천하일색 양옥환은 오동통한 미모와 지략으로 귀비가 되어 사랑과 권력과 부를 한몸에 누렸다. 양귀비는 화청지에 꽃송이를 띄우고 얼굴에 문지르며 끊임없이 몸을 가꾸었다 한다. 수백 년이 지난 지금 그 양귀비가 화청지에서 거듭 태어나 밤낮으로 관광객들을 불러 모아 사랑을 흠뻑 받고 있다. 동서양을 막론하고 아름다운 미모를 가진 여인을 상징하는 꽃, 양귀비!

배앓이를 자주 하던 어렸을 적. 막내 손녀에게 할머니는 높은 벽장 속 깊은 곳에서 마른 약초를 슬며시 꺼내어 정성껏 달인 쓰디쓴 물을 한 수저씩 떠먹여 주셨다. 그 까만 물을 찡그리고 투정을 하며 겨우 먹고 나면 언제 아팠냐는 듯이 감쪽같이 배앓이가 낫곤 했다. 정원 화단 구석에서 빨강 분홍 하양 보라색 곱게 피던 꽃, 내가 좋아하던 꽃, 바로 양귀비꽃이었던 것을 그땐 몰랐었다.

양귀비는 헤로인 모르핀 코데인 등의 성분을 가진 특별한 약초다. 마약 환각제로 쓰이는 양귀비, 설사 복통 진통제로 쓰이는 의약용 양귀비가 있고, 마약 성분이 거의 들어 있지 않은 농작물로 이용되는 개양귀비가 있다. 씨로 기름을 짜서 빵의 재료로 쓰기도 하고 잎은 채소로 먹기도 하고, 꽃잎으로 향을 내어 시럽이나 술을 빚기도 한다. 우리나라에서는 그런 용도로는 거의 쓰지 않고 있다. 아마도 기후의 영양인 듯싶다. 이 아름다운 관상용 개양귀비는 개량종인 셜리양귀비, 흰두메양귀비 등. 멕시코나 안달루시아 지중해 연안에서는 이 모두를 아마폴라로 불린다.

터키의 카파도키아를 가는 도중에 대단지 양귀비 재배지를 여러 곳 본 일이 있다. 무리 지은 꽃이 장관이어서 감탄을 금치 못해 안절부절못하였다.

우리나라에서 양귀비는 엄격하고 철저한 법적 규제로 금지된 관리 사항인데 그곳 양귀비는 정부 차원에서 계획재배를 하는 듯싶었다.

정열을 불사르지 못하고 그리움만 가득 차 보이는 개양귀비, 그녀들이 지닌 전설이 궁금하다. 지금도 미의 상징으로 여기는 양귀비와 아마폴라, 어감은 달라도 사랑받는 여인임엔 틀림없다.

**아마폴라 papaver rhoeas**

- 분 포 지 : 중남미 유럽 한국 남부
- 약명별명 : 개양귀비 꽃양귀비 애기아편꽃 우미인초 려춘화 금피화
- 효　　능 : 항염 진통 진정 소염 지혈 해독 복통 설사
- 식　　용 : 시럽 술 기름 쌈

# 돌콩

**바래어보고** 소원한다. 나의 바람은 충분히 가능한 일이건만 굳이 잊혀가고 외면당하는 이유를 아직도 모르겠다. 이건 나 자신을 위한 것보다 순전히 종자 보존을 위한 염려에서라 해도 좋을 것이다.

사방에 헤아릴 수 없이 많은 야초들이 존재한다. 동물과 사람을 이롭게 하기 위하여 식물이 먼저 세상에 나온 이치를 삼척동자도 다 알고 있을 것이다. 인류가 진화하면서 농경 생활을 시작하고 오늘날 인간이 이 땅 위에 군림하기 훨씬 이전부터 나는 이미 동물과 이들을 구황하기 위해 악착같이 연명하며 그들을 도왔다.

나는 본래 들에서 터를 잡고 산다. 이리 보여도 열악한 환경 속에서 명색이 콩의 조상, 콩의 원조라는 명예를 존속해왔다. 돌을 도구로 쓰던 시대에는 무명으로 살아왔으나 현세에 이르러서야 속명으로 불리어졌다. '종의 기원'을 들추며 계보를 거슬러 오르다 보면, 콩과식물의 일등 공신이라 불리어도 이의를 제기할 자는 없으리라. 근세에는 야생한다는 이유로 개량된 콩들만 우선하니 내 신분은 낭떠러지로 격하되고 말았다. 올챙이 시절을 망각한 것이다. 어찌 억울하지 아니할 수가 있겠는가.

식물성 단백질의 주요 공급원인 콩豆의 원종인 야생콩. 나로 말할 것 같으면 기후변화에 잘 적응하여 먹이사슬의 고리에도 단절되지 아니하며 지금껏 꿋꿋이 서식한다. 풍요를 누려오는 사람들의 의식 속에는 그저 양질의 것에만 익숙하다. 어찌 우량優良한 것만 선택받아야 하는가. 나는 한해살이풀이지만 유전자 변형 없이 뼈대 있는 자존심 하나로 독하게 순수하게 살아남은 셈이다. 소명을 다하며 떳떳이 생존하고 있다.

기억할 수는 없으나 언젠가부터 사람들은 나의 이름을 돌콩이라 불렀다. 나를 빗대어 사람을 '돌콩 같은 놈'이라 말하기도 한다. 작고 볼품없지만 다부지고 강한 놈이라 하여 그리 부른다. 돌콩! 돌콩!

'돌' 자는 돌처럼 여물다는 뜻으로 '돌' 자를 이름 앞에 갖다 둔다. 앞머리 글자가 상징하는 이름을 보면 돌 돌도끼 돌쇠 돌다리 돌대가리 돌부처 돌하르방 돌무리 돌문어 돌돔 등, 별난 별칭으로 개성을 드러낸다. 야무지다. 작지만 당차다. 단단하다는 인식이 박혔으니 뭐 그리 나쁜 인상이라는 생각으로 받아들이진 않을 것이다.

나는 누구인가. 내가 한해살이 야초라 하나 본래 덩굴성은 아니었다는 설도 있다. 하지만 세상에 태어나 정체성 없이 살아오지는 않았다. 나는 인간과 동물을 위해 대량 생산하듯 종자를 퍼트렸다. 나의 자손들은 밤하늘을 지켜오는 별들만큼이나 여태껏 벽방의 척박한 땅을 지키며 번성해 왔다. 덩굴은 열매를 많이 맺기 위한 수단으로 진화했고, 콩꼬투리에 험상한 털을 붙여 벌레 같은 천적들을 방어하는 방편을 삼아 살아왔다.

과연 나에 대해 관심을 가지고 몰입하는 사람이 있었을까.

그리하여 예찬부라도 썼던 그 누가 있었을까. '재크와 콩나무'처럼 짧은 이야기라도 엮어 전설처럼 보존해 주어야 할 일이 아닌가. 나는 '돌콩'이다. 영원히 죽지 않으리라.

그런데, 기가 찰 노릇은 일자리 창출이란 미명 아래 급조한 공공근로자들이 들과 산자락, 도롯가, 심지어는 갯가에까지 잡초를 마구 깎아 뭉개 버리고 만다. 그러니 나의 생활 범주가 자꾸만 좁아 들고 있다.

제각기 이름을 가진 생명체이고 제 할 몫이 있음인데 한낱 초개 같은 목숨이라 여긴단 말인가. 어쩌다 큰 나무 밑에 자리 잡은 어떤 동료들은 풍전등화가 되어 그 자리에서 목숨을 잃기도 한다. 그러니 도심 근교의 우리 동족은 종을 잃어버릴 지경에 이르렀다.

내가 군림하는 영토에 불만은 없다. 나의 생활 반경은 강가 둔치에나 들, 개천 주변 밭두렁 할 것 없이 다 나의 영역이랄 수 있다. 왕성한 성장력으로 주변의 풀줄기나 물체를 감고 오르며 성역을 넓힌다. 의지할 것이 없으면 동료들의 몸 줄기를 꽈배기처럼 왼쪽으로 칭칭 감고 햇살을 향해 뻗쳐간다. 태양이 뜨거운 에너지로 몸을 단련시켜주는 한여름엔 더욱 부지런한 결실을 맺는데 혼신을 다해야 하기 때문이다.

어떤 농부들은 나를 일러 점령군이라 부른다. 그들은 농산물에 방해가 된다 하여 마구잡이 애물단지 취급을 한다. 아예 뿌리째 말려 분쇄해 버리는 해악을 저지른다. 여린 듯하지만 강인한 힘으로 환경에 질기게 적응하여 그런 소리를 듣는 모양이다. 동물에는 훌륭한 먹이가 되고, 영양이 두루 많아서 땅을 기름지게 하는 자연 친화적인 비료가 되는 걸 모르진 않을 터. 더욱이 나로 하여 다양한 약효를 얻으니 건강지킴이로 일익을 하는 줄도 알아야지. 미국에는 대량으로 재배하여 약용으로 수익 창출하는 기지를 발휘하고 있으니 종자 지킴에 소홀하지 말고 정신을 쏟아야 하리라.

기후변화로 식량난이 오는 절박한 그때쯤엔 나의 위상과 인식도 달라질 것이다. 설마, 누군가는 기아에 허덕이며 다시 원시시대로 돌아가는 상상을 하는 건 아니겠지. 하지만 누가 뭐래도 당당하고 끈기 있는 근성이 나의 장점이다. 나름의 방법을 자아내며 각자도생하는 야생풀, 나의 가치를 인정해주길 바란다.

지구가 급격히 몸살을 앓으면서 다양한 생물종이 위기를 맞고 있는 세상이 되었다. 한 해에 수백 가지 식물이 멸종해가고 있다. 그러나 어떠한 변화가 닥쳐온다 해도 나는 꿋꿋하게 살아남을 것이다. 내 사전에 멸종이란 이름은 없다. 악조건 속에서 살아내는 원초적 내공을 지닌 돌콩, 자구력으로 수천 년 동안 인류를 위해 존재해온 나는 돌콩, 돌콩이란 말이다.

**돌콩(야생콩) glycine soya siebold&zucc**

- 분 포 지 : 한국 중국 일본 동아시아 러시아 미국
- 약명별명 : 야루두 야두동 야로두 야대두 야황두 야모두 갱미두 녹곽
- 효　　능 : 보익 자양 보간신 눈밝음 해독 강근골 허약제질 식은땀 항산화(폐암 유방암 등 암세포 증식방지 보조) 동맥경화 심혈관계질환 개화 이후에 전초를 음건해야 약효가 높다
- 식　　용 : 나물 쌈 장아찌 김치 차(말려서 구증 구포하여 사용) 꽃은 샐러드로

# 엉겅퀴

**놀라운** 정경이다. 언덕 위를 빼곡히 에워싼 엉겅퀴 군락이 커다란 숲을 이루었다. 꽃이 지고 난 후 누렇게 마른 억센 가시들이 몸체에 엉기어 붙어 있다. 마치 헤일 수 없는 세월을 이어가며 풀리지 않는 수수께끼 속에서 살아오고 있는가 싶었다.

어느 귀족의 헛된 영화가 색인된 석곽묘일까, 어느 병약한 서민의 것인가. 묘 곽마저도 대리석과 사암으로 빈부의 차별을 드러낸다. 우아한 이오니아와 화려한 코린트식 기둥 파편

들이 영화롭던 지난날의 세월을 침묵 속에 묻어두고 제멋대로 누워 있다. 대리석 조각들은 제각기 비밀 이야기들을 담은 듯 아직도 섬세한 조각이 눈길을 끈다. 이 고지에 무슨 수로 무거운 돌들을 다 운반해 왔을까. 양을 측량할 수 없는 돌더미가 사라져 간 옛사람들의 흔적으로 널브러졌다. 인간이 이루고자 하는 욕망은 먼 후일 이렇게 많은 유적과 궁금증을 남겨 놓는가 싶었다.

히에라 폴리스 언덕의 마른 엉겅퀴는 마치 누더기 삼베옷을 입은 노예와 천민들이 한데 모여 수런대는 모습으로 비쳤다. 그들의 혼인 듯 그대로 남아 피었다 지고 다시 피고 져서 마음을 젖게 한다. 수천여 년 전의 알 수 없는 주술이 풀리지 않아 저리된 것이라는 엉뚱한 생각에 마음속 간직했던 엉겅퀴의 모습을 떠올린다. 그렇게나 아름답던 꽃이 저런 형상으로 보일 수 있다니.

카파도키아에서 달려오는 동안 수백 킬로미터에 달하는 광활한 평원은 지천으로 피어 있는 엉겅퀴들로 보랏빛 세상이 펼쳐지고 있었다. 양탄자를 깔아 놓은 듯 꽃무리의 유혹이 마음을 흔들어 미치게 할 뻔하지 않았던가. 앉았다 섰다 뒤돌아보고 차창 밖을 내다보며 안절부절못하고, 신들린 사람처럼 탄성을 지르게 했던 보랏빛 엉겅퀴. 환상에 빠져들던 순간의 엉겅퀴꽃이 세상에 제일 먼저 얼굴을 내민 꽃이라 여겨졌다. 정염을 불태우다 지친 검붉은 색도 아니요, 마음을 간질거리는 분홍도 아니다. 밝으면서도 차갑고 도도한 인내로 무언가를 하염없이 기다리는 인고의 빛깔, 어떠한 감성으로도 그 빛깔을 표현할 수가 없어 애석할 뿐이다. 그 곱던 보랏빛 엉겅퀴꽃이 처량하게 변했을 때의 모습을 그냥 보아 넘길 수가 없었다.

가시가 먼저인가, 꽃이 먼저인가. 성서의 비유는 혼란스럽기까지 하였다. 무슨 연유로 엉겅퀴에 그 많은 가시를 달아 주었을까. 홀씨 맺은 꽃받침과 잎들이 온통 날카로운 침으로 덮여 있어 가까이할 수가 없다. 완벽한 보호 장치로 변신을 했음인가. 씨를 맺은 후엔 더욱 억세어진 가시로 누구도 감히 접근하는 것을 허락하지 않는 완강함을 드러낸다.

정녕 언젠가 마법이 풀리는 날 그들 속의 가시가 다 사라지고 사랑받는 꽃이 되어 '악인들의 운명'에 비유하는 일은 없어지리라. 척박한 땅에서 선량하게 살았을 천민들의 혼, 어쩌다 천하고 악하다는 극한의 비유와 대우를 받게 되었는지 온통 바늘로 몸을 감싼 엉겅퀴를 다시 바라본다.

언덕을 내려오는 길가 돌 틈 사이를 비집고 나온 엉겅퀴들이 사연 많은 영혼을 부르는 듯 환청으로 들려온다. 거친 가시는 적자생존하며 종족을 번식하기 위한 보호 수단인 것을. 분솔처럼 보드라운 꽃송이와 줄기의 달큼한 맛은 내면의 온화한 성질을 넌지시 알려 준다. 그들대로의 가치와 쓸모를 생각하면 성서 속에서 버림과 저주, 황폐의 상징이라 여겨졌던 엉겅퀴에게 편견을 갖지 않는 게 좋았을 터였다.

외려 기독교의 성화로 알려지는 것은 엉겅퀴가 마리아의 꽃이라 부르기 이전부터 성지 지역에 자생하고 있어서 인간에게 친숙하고 상서로운 식물로 존재해왔기 때문인가 싶기도 하다.

나라마다 꽃에 대한 아름다운 전설과 역사 이야기가 많이 전해져온다. 10세기 중반 스코틀랜드가 적의 기습공격을 당하기 전, 적의 병사들이 어둠을 틈타 성벽 가까이 오다가 엉겅퀴 가시에 찔려 비명을 지르는 바람에 발각되어 전쟁을 막을 수 있었다. 덕분에 엉겅퀴의 공로는 수호신이 되어 스코틀랜드 국가의 문장이 되었다. 나라꽃으로 기념되고 화폐와 우표, 건축물과 생활소품에까지 여러모로 기리며 사랑을 받게 되었다.

옛 북유럽에서는 엉겅퀴의 가시가 마녀를 추방하며 가축의 병을 예방하고 결혼성사를 위한 주문에도 효과가 있다고 믿었다 한다. 전쟁 중에 프랑스 군대가 페스트로 전멸 위기에 있을 때, 대왕에게 한 천사가 와서 석궁을 하늘 위로 쏘면 그 화살이 페스트를 치유하는 식물 위로 낙하할 것이라는 계시를 했다. 중세기에 유럽의 전염병을 막아준 신성한 풀로 여겼던 식물. 그 야생초를 지금껏 성스러운 엉겅퀴, 축복받은 엉겅퀴라 부른다니 면류관을 수여받은 영광스러운 꽃임엔 틀림없다.

**엉겅퀴 milk thistle**

- 분 포 지 : 전국 각지 유럽
- 약명별명 : 대계 우구자 호계 큰엉겅퀴 가시엉겅퀴 바늘엉겅퀴 지느러미엉겅퀴
- 효　　능 : 지혈제(치혈 잇몸 출혈) 간질환 소염 항염증 옹종 적백대하 황달 이뇨 강장제 보혈 해독 항산화 고혈압 우울증 당뇨병 당화조절 콜레스테롤 조절 최유제
- 식　　용 : 샐러드 나물볶음 뿌리와 줄기는 장아찌
- 꽃　　말 : 독립 엄격

# 은행나무

**그만큼** 공감하며 몰입한다는 말이리라. 어느 작가는 좋은 그림이나 조각 앞에 섰을 때 "나는 울컥 죽어버리고 말까 하는 감격을 느낄 때가 있다."고 했다. 나는 그 속에 빠져들거나 안기고 싶은 충동을 느낄 때가 있었지만 죽어버리고 싶다는 느낌을 받은 적은 단 한 번도 없었다.

또 꽃보다 아름다운 열매에 감탄하면서 자연이 아름다워 '오래 살아야지.' 하며 행복을 느낀다고도 했다. 나는 꽃이 되어보고 싶거나 고운 빛깔을 탐내며 아름다운 자연에 감사하지만 오래 살고 싶다는 말이 그냥 흘러나온 일은 없다.

꽃은 꽃대로 열매와 나무는 그것대로 내가 세상에서 숨을 쉬며 몸을 낮출 수 있게 하는 이유가 될 수는 있지만 무딘 감성으로 늙어가는 내 모습은 상상하기 싫었기 때문이다.

식영정을 둘러보고 돌아오는 석양 무렵이었다. 홀로 서 있는 커다란 은행나무와 마주쳤다. 탁 트인 코발트빛 하늘을 이고 오염되지 않은 맑고 투명한 노란빛이 거기 서 있었다. 위를 치켜 올려다보았을 때 노랑과 파랑의 어우러진 황홀함에 나는 그만 정신을 놓을 뻔하였다. 은행잎은 떠나기 전에 자기 집으로 하늘을 초대한 것일까. 절묘한 조화는 눈을 뗄 수가 없게 하였다.

전혀 어울릴 것 같지 않은 원색의 만남에 마음을 빼앗겨 보기란 처음 경험하는 일이다. 수천 마리의 노랑나비 떼가 하늘거리며 나를 맞이하고 있었다. 잎새 하나하나마다 혼이 살아서 나를 향해 내려다보는 듯했다. 나비처럼 나무 위로 날고 싶던 그 순간, 나는 불현듯 울컥 죽어버리고 싶다는 감격 속에 빠졌다.

아~ 바로 이럴 때 죽고 싶다거나 오래 살아야지 하는 말이 절로 나올 수 있구나. 잎을 샛노랗게 물들이는 크산토필이 사람의 마음도 노랗게 물들여 놓는 비밀을 지니는 걸까. 황금색을 즐기던 고흐처럼 세상이 노랗게 보이며 혼몽해져 갔다. 도원경에 취하듯 노랑나비들 속에서 취하고 싶었다. 잎새들이 노랗게 물들면 한량없이 밝은 세상이라도 펼쳐진 것 같아 그제서야 가을이 왔음을 실감한다.

내게 고향 집 은행나무는 할머니였다. 근래엔 은행나무가 곳곳에서 가로수가 되어 흔히 보이지만 우리 집의 은행나무는 각별하였다. 수령이 삼백여 년이나 된 우람한 나무가 사랑채와 우물 사이에 있다.

할머니는 명절마다 어김없이 은행나무 밑에 젯밥을 마련하신다. 작은 목판에 조기 한 마리와 산적과 흰밥을 차린 조촐한 상을 한 식경쯤은 놓아두고 은행나무에 대접하였다. 우리 집 안의 안위를 지키는 지킴이로 우뚝 서 있는 나무에게 경건한 마음으로 예를 갖추셨다.

은행나무는 기력을 못 차리고 누워만 사는 며느리를 두고 수십 년 큰살림을 거느리던 할머니의 고충을 달래며 위로해 주었을 것이다. 당신의 신앙이자 정신적인 믿음이었던 은행나무에게 하소연하며 시름을 달래시고 덕분에 강건한 마음 되어 참고 견디었지 싶다.

할머니는 수고한 은행나무를 쓰다듬기라도 하듯 땅 위로 드러내놓은 굵은 뿌리 위에 떨어진 잎새들을 한데 쓸어 모아 가을을 오래 머물게 하셨다. 주저리주저리 열린 열매들은 다소곳이 머리 숙여 풍요를 알려준다. 은행을 낱낱이 주어다가 둥그렇게 말아낸 짚 뭉치로 고약한 냄새 나는 씨껍질을 비벼서 알맹이만 빼내어 말리면 속살을 드러낸 새색시 모양 뽀얗고 말쑥한 백과가 되었다. 그렇게 한 가마니 가득 넘치도록 모았다가 이 집 저 집에 나누어 주기도 하였다. 껍질 벗긴 은행을 팬에 굴려 비취색 보석을 만들어서 제상에 올리시던 할머니의 정성, 군것질을 찾을 땐 잔불에 구워 구수한 은행 꼬지를 만들어 주시던 할머니.

은행잎이 떨어질 때나 눈발이 흩날릴 때나 어떤 사물에 엮이는 난관을 오로지 집안의 안녕만을 위한 기원으로 이겨내시던 분. 당신이 삼십 대에 이대 독자를 둔 청상과부가 되어 네 자녀 키우면서 벼슬하시넌 홀시아버지 수발하시고 뒤채에 까칠한 춘심이를 소리 없이 모신 분이시다. 어찌 감당하였을꼬. 증조부 돌아가시고 난 후, 온유한 할머니를 아랫사람들은 외유내강한 웃어른으로 여기며 오히려 공손하였다. 살아 있는 화석이라 부르는 은행나무. 그 노오란 잎새가 바람에 하늘

거릴 때마다 할머니 이야기를 듣는다.

올해에도 할머니가 오셨다, 노란 잎새 사이로.

**은행나무 ginkgo biloba**

- 분 포 지 : 중국 일본 한국
- 약명별명 : 은행 행자목 공손수 압각수
- 효　　능 : 위 폐 보호 진해 거담 활혈 혈전용해 혈액순환 고혈압 기억력 회복
- 쓰 임 새 : 목재로 고급 가구 바둑판 밥상

# 댑싸리

**기발한** 착상으로 그곳에 공원이 만들어졌다. 하늘공원이다. 팔십년 대, 난지도에 쓰레기 더미가 산을 이루어 골칫거리 난제를 안겨 줄 때였다. 갈대, 민들레, 삘기가 막 뿌리를 내리기 시작하고 낮은 언덕배기에는 듬성듬성 초지가 조성되고 있었다.

민들레 솜방망이와 삐비들은 자손 퍼뜨리기에 촌음을 아끼지 않는 듯 바람결에 흩날렸다. 평생 장애 없는 나날을 엮어가게 해줄 것만 같았던 하늘공원. 그곳은 무엇이든 포용하는 무한한 너그러움을 가졌다. 나를 뒤돌아보게 하던 무욕과 용서가 가슴으로 스미어 왔다. 다시 찾아오리란 약속을 다짐하였다.

세월이 흘러 그곳에는 야생초와 풀숲이 보기 좋게 터를 잡았다. 언덕 위에서 위를 올려다보면 천상에 온 듯 머리에 맞닿은 파란 하늘이 외경스럽다. 뭇사람들이 주말을 틈내어 천상에 모여든다. 수백 계단을 디디고 오르며 제 나름의 말과 생각들을 전하러 온 듯 웅성웅성 메아리로 들려온다.

넓은 공간에 연녹색 둥그런 댑싸리가 질서 있게 모여 있다. 그들 무리들이 터줏대감이나 된 듯 눈길을 이끈다. 옛 초가집 뜰이나 집 둘레, 길가에 한가로이 자라던 한해살이 댑싸리가 공원에 의젓하게 자리를 차지하고 관광객들을 사로잡는다. 인증사진을 찍느라 여기저기서 멋진 포즈를 연출하며 웃음꽃을 피워낸다. 꽃도 아니요, 나무도 아닌 한해살이풀. 이 볼품없는 잎새들이 둥그렇게 모여서 봄풀을 만들었다.

'리 리 리자로 끝나는 말은, 개나리 보따리 소쿠리 댑싸리 유리 항아리.' 리 자로 끝나는 말이란 어릴 적 부르던 옛 동요다. 기억하는 사람들이 더러 있겠지만 생경하게 듣는 이가 많을 것이다.

그 '리' 자로 끝나는 낱말 중에 댑싸리라는 것이 무엇인 줄도 모르고 즐겨 부르며 유년 시절을 지나왔다. 들길에서나 시골 변두리 외딴집에서 보던 마당 지킴이. 잎이 수북하고 둥그스름하던 바로 그게 댑싸리인 것을 어른이 한참 되고서야 알았으니 무심이 무식을 실어준 셈이다.

댑싸리 여린 잎은 댓잎처럼 좁고 꽃도 별로다. 꽃이 예쁘지 않으면 잎새가 이쁘고 꽃이 아름다우면 잎새가 덜 아름답다. 그러기에 조물주의 조화로운 창의력과 공평함에 늘 경의를 표한다. 댑싸리는 어느 정도 성숙해지면 다듬어 놓은 듯 가지런하고 촘촘한 것이 단정하기 그지없다. 자신을 낮추듯 정결한 모양새를 보인다.

누군가가 '청초한 미인, 겸허'란 꽃말을 지었는데 딱 들어맞는 선물이지 싶다. 그런 탓인가. 꽃이 보잘것없는 댑싸리가 잎새들을 한데 모아들여서 완상용으로 품격을 높였다. 한해살이풀이지만 씨 송자를 듬뿍 품었다가 자손을 퍼뜨려 쓰임새 있는 실체를 자부하며 거듭난다. 요즘 흔히 보이는 핑크뮬리라는 서양종과는 품새가 다른 겸양을 지닌 듯 가지런하고 다소곳하다.

댑싸리를 빗자루 나무라고도 부른다. 대나무 가지로 만든 큰 빗자루는 거친 곳을 쓸어내고 수수비는 부엌이나 토방을, 댑싸리비로는 마당을 깔끔하게 정리할 때 쓸어내는 비로 사용하였다. 어렸을 적 찬장 속에는 색동 실로 손잡이를 감아 멋을 낸 김 솔이 여러 개 들어 있었다. 김에 참기름을 바를 때 쓰곤 하던 깜찍하고 예쁜 미니 빗자루, 댑싸리로 만든 어머니의 얌전한 솜씨이자 재치셨다.

자연에 동화하면서 감사할 줄 아는 옛사람들의 심성이 색동처럼 아름답다. 옛 조상들은 은연중에 저탄소 녹색 성장을 실천하며 살아오셨다. 자연에서 얻은 재료로 생활의 도구를 만들고 낡아지면 자연으로 돌아가게 하는 지혜다. 현대에는 모든 도구들이 플라스틱으로 제작 점령하고 말았으니 지구가 신음하며 중병을 앓는 중이다. 편리가 재앙을 불러왔다. 편리 위주만 선호하는 탓에 인간이 저지른 공해와 기후변화로 지구는 위험에 처해 있는 지경에 이르렀다. 작은 것부터라도 녹색성장에 더욱 관심을 가져야 하리라.

약효도 많은 댑싸리는 별명도 다양하다. 단풍댑싸리 비싸리 빗자루나무 공쟁이 지부 대싸리 뜰풀 돔부리라는 이름이 생경하고 정겹다.

가을에 붉게 물든 단풍으로 곱게 변신한 댑싸리는 정갈한 모습과 쓰임새로 한 해 마무리도 멋지게 한다.

어느 마을에서는 늦가을이면 마을 회원들이 빗자루를 만들어 이웃에 나누어 주는 흐뭇한 행사를 벌이기도 했다. 댑싸리의 멋진 마무리~

우리도 그 마음 따라 하자.

**댑싸리 kochia scoparia**

- 분 포 지 : 전국 각지 아시아 유럽
- 약명별명 : 지부자 낙추자 소추자 죽추자 천풍자 당축 당추 지부묘 지부초 지맥 지규
- 효 능 : 난관염 난소염 방광결석 전립선 비대증 음낭습 요도염 오줌소태 음위 등 주로 비뇨기계 복수 부종 소변불통 수종 습열 악창 비염 요도염 종독 창종 창연증 눈밝음
- 식 용 : 어린 줄기는 나물 국거리 부침개 녹차 물에 불린 씨앗날 계란찜 셀러드에 이용

# 제2부

# 소리쟁이

소리쟁이 / 칡 / 수크령

유도화 / 작약 / 강아지풀

뽕나무 / 변란

# 소리쟁이

**그를** 다시 만날 수 있었던 건 순전히 오빠의 장례식 덕분이었다. 장례 이틀째 되던 날 오전 그가 식장에 나타났다. 우린 보자마자 스스럼없는 함박웃음을 웃었다. 마주 잡은 두 손을 마구 흔들어대며 그곳이 오빠의 장례식장이란 사실도 정숙해야 한다는 예절도 잠시 잊었다.

오빠는 떠나면서도 나에게 일러주려 한 것일까. 아무리 유년의 인연이라 해도 각별한 인연은 챙기며 살라고. 잠깐 스쳐 지난 인연도 평생 못 잊는 경우가 있는데, 나는 생사의 순간을 함께 겪었던 고마운 유년의 친구를 까마득히 잊고 있었다. 바로 그였다. 내 가슴 한편에는 굳은살처럼 자리하고 있는 그에 대한 마음의 부채가 있었다는 걸 그날에야 불현듯 상기했다.

고향 집 앞마당에는 우물 가까이에 큰 은행나무가 있었고 은행나무 옆 행랑채에 아주 먼 친척 일가족이 우리 집 일을 거들며 살고 있었다. 그 집에는 나보다 한 살 위였던 그 애와 위로 터울이 한참 많은 형과 한쪽 눈이 찌부러진 누이동생과 부모님, 모두 다섯 식구가 살았다. 그 애는 말수가 적고 수줍음을 몹시 탔으며 얼굴엔 몇 개의 곰보 흔적이 있었다.

어머니는 내가 사내애와 어울리는 걸 못마땅해서 나무라며 눈을 흘기시곤 했다. 하지만 그 애는 누구보다도 왕잠자리를 잘 잡았다. 내 열 손가락 사이사이에 잠자리를 끼워주면서 잠자리를 잘 잡을 줄 아는 것에 대해 내게 한 번도 우쭐대는 일이 없었다. 우린 틈만 나면 몰래 어울려 동네 앞 방죽으로 내빼곤 했다.

방죽으로 가는 길섶에는 소리쟁이가 무성했다. 길 양쪽에서 봄부터 가을까지 소리쟁이가 우리를 항상 반겨주었다. 새큼한 꽃대를 입에 물고 화동이 되어 소리쟁이 꽃가루를 방죽에 다다를 때까지 한 움큼씩 흩뿌리던 일이 어제 일 같기만 하다.

어느 여름날, 자주 가던 방죽 옆 논두렁에서 나는 뭔가 힘자랑을 하고 싶었다. 발을 세차게 굴러 건너편 논으로 힘껏 건너뛰었다. 그런데, 아이쿠~ 내가 떨어진 곳은 다름 아닌 바로 늪이었다. 순식간의 일이었다. 늪 속으로 몸이 가라앉기 시작했다. 가슴까지 차올라 허우적대는데 무섭고 숨이 차서 목소리조차 나오질 않았다. 그 애가 내게로 손을 뻗었다. 그리고 필사적으로 몸을 뒤로 버티며 날 끌어당겼다. 겨우 열 살짜리 아이가 어디서 그런 힘이 솟았던 것일까. 사실 그때의 상황이 잘 기억나진 않는다. 그가 나를 구해줬다는 것밖엔. 온통 진흙뻘로 범벅이 된 내 꼴은 흡사 텔레비전 뉴스 화면에 비춰주는 저 가마우지 같았을 것이다.

유조선이 흘린 기름에 빠졌다 나온 질퍽한 가마우지. 어머니한테 야단맞을 일이 두려웠다. 그 아이는 도랑에 이르러 흙감태가 된 내 몸뚱이와 옷에 물을 끼얹으며 열심히 씻어주었다. 그리곤 옷이 마를 때까지 방죽 둑에 앉아 기다렸다. 해가 다 기울었다. 그는 공연히 미안해서 쩔쩔매며 내 옆을 빙빙 돌았다. 큰 잎새를 구해다 부채질을 하고 안쓰러워 어찌할 바를 몰랐다.

인연을 만드는 게 삶이고 인연을 끊는 것이 죽음이다. 그러나 죽지 않아도 우리는 얼마나 숱한 인연들을 끊으며 살아가는지. 맺어진 인연마다 다 짊어지고 간다는 것은 불가능하다. 하지만 각별한 인연은 챙겨가며 살아야 하는 것임을 나는 어찌 이토록 까맣게 잊었던 것일까. 그 애가 언제 우리 집에서 이사를 갔는지 그것도 기억이 가물가물하다.

소식이 끊긴 채 너무나 오랜 세월이 흘렀다. 나는 줄곧 서울 생활을 하다가 결혼해 부산으로 와서 이제는 부산 사람이 되었다. 우린 그때의 일들을 떠올리며 신이 나서 떠들어대다가 갑자기 말이 뚝 끊겼다.

"그때 니가 정말 죽게 되면 나도 함께 빠지려고 했었어."

그의 눈빛이, 그의 큰 눈이, 그렇게 말하는 듯했다. 여전히 착하기 이를 데 없다. 그가 침묵을 깨고 통쾌하게 웃었다. 진흙투성이가 되어 엉엉 울던 내 모습을 그려보는 걸까. 내 안에 무엇이 덴 듯 뜨거웠다. 미안하고 고맙고 그립고 부끄러웠다. 나는 아무 말도 하지 않고 그저 웃는다. 그래, 그냥 담아두고 살아야지.

머리 위엔 은빛 서리가 반짝이고 얼굴엔 잔주름이 가득하다. 지금 그는 고향을 지키고 있단다. 촌티 나는 옷매무새가 소리쟁이 꽃을 닮았다.

**소리쟁이 rumex crispus**

- 분 포 지 : 유럽 한국 일본 중국 아시아 아프리카
- 약명별명 : 우이대황 양제실
- 효　　능 : 건위 양혈 청열 진해 통변 항균 기관지염 피부염 탈모 만성 위장염 샴푸
- 식　　용 : 무침 국거리 담금주 발효액 차
- 부 작 용 : 과다 섭취와 장기 복용엔 복통 설사를 일으키므로 양과 회수를 조절한다

# 칡

**한 마을에** 비상이 걸렸다. 뉴스에서는 현장의 적나라한 상황을 화면에 내보낸다. 여름날 동서남북 가리지 않고 사방팔방 왕성한 생장 능력을 과시하는 이 넝쿨이 뉴스의 주인공으로 화제에 오른 것이다.

그 지방에서는 장비를 동원하고 인력을 충원해도 감당을 못한다고 아우성이었다. 어쩌다 산림훼손에 으뜸가는 요주의 식물로 취급당하고 말았다. 햇볕을 차단해서 광합성을 방해하니 종내에는 산속의 관목이나 관엽식물까지도 고사하게 만든다는 이유였다. 더불어 살아가는 질서를 무시한 겁 없는 침범자라고도 한다. 전봇대에 기어오르고, 소나무를 타고 올라가 키재기하는 건 예사다. 누명을 쓰고서도 당당하게 잘도 뻗어나간다.

끈질긴 성질을 가진 유전자 덕분인지 굵어진 뿌리와 넝쿨은 주변의 환경을 아랑곳하지 않는다. 밭두렁 주인에게는 분별없는 이 넝쿨이 훼방꾼 아닌 웬수가 되었다. 울타리 도롯가 밭둑 논두렁 언덕배기와 산자락을 뒤덮고 저희들 세상을 만드는 탓이다. '만수산 드렁칡이 얽혀진들 어떠하리.'라고 읊어대는 듯하다.

태양 빛이 강렬해지는 여름엔 사명이라도 띤 양 잎새들은 담장을 오르고 넘어가고 기어가고 퍼져간다. 그의 장악력은 이미지와는 달리 바로 붓끝처럼 부드러운 촉수에 달렸다. 새벽, 아침나절, 한낮, 저녁 무렵, 한밤중, 시시때때로 허공에 대고 손짓 한 번 하고 나면 새 줄기가 사라나올 정도다.

동남아 어느 곳인가 일 년에 삼백여 미터까지 성장하는 놀라운 생명력을 가진 덩굴식물이 있다. '영원한 젊음'이라는 생물학적 이름을 가지고 있는 푸에라리아라는 이 식물은 밤낮없이 달려가는 촉수를 가지고 있는 모양이었다. 그 촉수

못지않게 우리네 다년생 칡넝쿨도 이에 비교되진 않으나 연간 십수 미터까지 뻗어난다니 왕성한 힘은 가히 가름하기가 어렵다.

야산에 밀림지대를 방불케 하는 칡덩굴 숲을 흔히 볼 수 있다. 초록 세상을 펼친 자태가 장관인 그들은 칡덩굴의 실체가 거듭나는 모의라도 하는 듯 기세를 높인다.

한때 변방의 도로를 신설할 때 도로 경사면 암벽의 녹색 조경을 위해서 칡을 심어 빠른 성장 효과를 선호했다고 한다. 나무인가 덩굴인가 풀인가. 풀도 아닌 것이, 나무도 아닌 것이 옴팡진 근성은 뉘라서 따를까. 길이로 생장하는 넝쿨은 풀이요. 굵은 부피로 생장하는 것은 나무요. 땅속뿌리는 영양 덩어리 보물이다. 쓰임새를 이용할 때는 언제이고 이제는 먹을거리가 풍성하니 골칫덩이로 여기고 있다. 삶터를 찾아 산으로 들로 울창하게 뻗어나가는 칡이 어쩌다 그리 취급을 받는지 칡으로서는 고달프고 억울할 일일 게다.

'지부장무명지초地不長無名之草' 땅은 이름 없는 풀을 기르지 아니한다는 말이 있다. 유용한 쓰임새를 알고 난 후에서나 가치를 인정하는 사람들의 습성은 이제 버려도 좋지 않을까.

칡은 조선조 초, 일본에서부터 사용법을 들여 와 백성들에게 여러 쓰임새를 장려해왔다. 세종은 칡의 다양한 용도를 생각하며 소홀하지 않았다. 민초들의 구차한 삶에 보탬을 주고자 많은 관심을 가졌던 성군이시다. 모든 자원을 자연이 충분히 제공하고 있음에 지혜를 모아 구황과 생활에 활용하여 온 것이다.

휴전 직후만 해도 시골에서 칡뿌리는 간식거리로 호기심을 부르기에 충분하였다. 내가 다니던 부안동국민학교 가는 길, 우체국 앞에는 낡은 자전거에 양철 함지박 가득 칡뿌리를 싣고 와서 파는 아저씨가 있었다. 문전성시였다. 굵은 뿌리를 통째로 들고 와서 톱으로 조금씩 잘라주었다. 조각낸 크기에 따라 일 원에서 오 원인가를 받았는데 어른 아이 할 것 없이 모여들었다.

열심히 씹어서 단맛 나오는 즙은 빨아 먹고 질긴 섬유질 찌꺼기는 길바닥에 마구 버려대곤 했다. 그 모양새가 늘 보기 흉했지만 아무도 문제 삼지 않았다. 대뜸 끼어들기를 꺼리던 그때 그곳에서의 맛을 나는 아직도 모른다. 평생 느껴 볼 수 없는 그 오묘한 맛을.

한방에서는 칡이 갈근 갈용 갈엽 갈곡 갈화로 부위마다 각기 다른 이름을 가지고 있는데 제각기 여러 효과를 보는 긴요한 약재로 쓴다. 한여름 보라색 동색 조화를 이룬 칡꽃은 은은히 뿜어내는 향기로 매혹적인 차를 즐길 수 있다.

사실 칡은 강인한 이미지와는 다르게 온화한 성질을 가져서 안심하고 쓰는 상약에 속한다. 근래에는 각종 풍부한 비타민 미네랄 항산화 성분이 있음이 밝혀진 후 건강식품으로 차별되어 품격이 높아졌다. 칡 스스로 세상이 달라졌음을 느낄 것만 같다.

속이 찬 사람은 지속적으로 많이 먹지 않아야 하고 용량을 희석해서 먹는 게 좋다. 태음인 닮은 소양인에게 좋은 약재로 뒤통수 뒷목이 뻐근할 때 신통력을 발휘한다. 고통을 못 견디는 젖몸살 유선염에는 끓여 먹는 탕이 탁효가 있어 권해 봄 직하다. 겨울 칡이 훨씬 효과가 좋다 하니 고소득을 위해 마니아들은 "칡 봤다~"를 외치려 겨울 산을 찾아간다.

칡은 제 몸을 아끼지 않고 약재로 먹을거리로 사료로 도구로 아낌없이 베풀고 나누는 융숭 깊은 넝쿨식물이 아닌가. 언젠가는 탄수화물과 영양분이 많은 이 칡도 의외의 식량 대용으로 쓸모 있고 귀한 대접을 받을 날이 다시 올지도 모를 일이다.

골칫덩이라 여기는 이들이 칡의 존재 가치를 다시 인식하는 기회가 되었으면 좋겠다.

**칡 pueraia lovata**

- 분 포 지 : 전국 산기슭 동북아시아 남북미
- 약명별명 : 갈근(뿌리) 갈용(칡순) 갈화(칡꽃)
- 효 능 : 갈근(뿌리) 감기몸살 발열증상 해열 해독 각종 갱년기 증상 젖몸살 유선염 해갈 변비 혈당 혈압조절 심혈관질환 원기회복 피로회복 숙취
- 식 용 : 떡 국수 수제비 죽 칡술 칡즙 칡초 발효액 꽃차 나물무침 상아씨
- 쓰 임 새 : 사료 퇴비 갈포지 옷감 삼태기 바구니 밧줄 닻줄로 이용

## 수크령

**나무** 잎새가 우거진 가로수 길을 걷는다. 인도 옆 초지에는 여러 가지 잡초들이 한창 우거져 있다. 그중 유난히 성장이 좋은 이 풀의 이름이 기억나지 않아서 스칠 때마다 몹시 괴롭기까지 하였다.

몇 날이 지나고서야 느닷없이 그 이름이 불쑥 튀어나왔다. 수크령. 맞다 맞아. 수크령이야. 어이구, 어찌하여 이제야 생각이 나는가. 이름을 영 못 찾아올 거만 같았는데 기억 창고 어느 구석에서 문을 열고 나와 떠올려주다니 반갑기 그지없다.

수크령은 잡풀 중에서도 유난히 꼿꼿하게 서서 자란다. 기운 좋은 더벅머리 선머슴 같기도 하지만 여간해서 머리를 숙이지 않는다. 이삭 털[刺毛]이 억세고 당당하다. 괜스레 눈길을 끌었기에 이름을 새겨두었던 터였다.

도로를 경계로 자그마한 언덕이 나온다. 듬성듬성하던 수크령이 점차 전성기를 맞이한 듯 왕성하게 언덕을 점령해갔다. 씨앗이 영글어 바람결에 나부끼며 하늘거린다. 한때는 무심코 보아주었지만 누렇게 바래어 가면 여간 눈에 거슬리는 게 아니다. 다음 해쯤에는 기하급수로 늘어난 씨앗을 마구잡이로 퍼트릴 것은 불을 보듯 빤한 일이다. 조물주께서는 세상에 다 필요해서 뭇 생명을 태어나게 하였다지만 우리는 시시한 풀들을 잡초라는 이름으로 분류해서 미워하기까지 한다.

나는 미리부터 걱정이 되었다. 하늘에 닿을 듯 위용을 자랑하는 고층 아파트단지 옆에 이 거칠고 무질서한 잡풀이 자리를 버티고 있으면 그리 환영받을 일은 아니라 싶었다. 그 언젠가 대충 이러한 상황을 이웃 동네 자치운영위원장께 말한 적이 있었다. 아파트와는 상관없는 개인적인 생각에서 하는 조언이었다. "알곡이 영글기 전에 잘라내면 후년엔 수고를 덜 할 텐데요."라고.

좀 더 일찍 알렸더라면 노심초사하지 않았을 터인데 말이다. 검보라 꽃이 지고 추석이 가까워지니 수크령 씨가 알차게 익어 자손을 흩뿌릴 때서야 공공근로원 몇이서 풀베기를 시작하였다. 그나마도 다행이라 싶어 수크령에 대한 인식은 신경 쓰이는 놈이라는 정도로 끝났다. 한데 근래 새로운 화제 인물처럼 새삼스레 내게 다가왔다. 그 잡초에 대해서 과거의 '소중한 가치를 지녔던 생명체'로 다시 인정해주어야 한다는 관심에서다.

수크령은 수천 년 전부터 기후환경이 척박한 아시아, 동유럽, 아프리카 아열대 지방에 이르기까지 자생해왔다. 가뭄이나 홍수 폭염과 염분이 있는 모래땅, 어느 곳을 가리지 않고 잘 자랐다. 옛사람들에게는 배고픔을 메워준 소중한 식량 작물로 친숙하였다. 동물의 사료나 구황 식량으로 영양을 제공해준 고마운 곡물. 모래알 같은 자잘한 알곡이 요즘엔 우리가 귀하게 먹는 조와 기장을 닮아있다. 밀과 쌀, 보리 등, 여러 잡곡이 점차 재배되기 전까지는 가축과 인류에 지대한 공헌을 해온 셈이다. 무구한 세월이 흐르면서 주객이 전도되어 수크령은 점차 가라지 취급을 당해 변방으로 밀려 나오고 말았다.

수크령은 이름마저도 별나다. 외래어인 줄로 알고 있지만 사실 순수한 우리말 이름을 지녔다 수穗는 이삭 수를 일컫는다. 벼화禾 변에 은혜惠 자가 붙어 있으니 은혜로운 곡식이라는 뜻으로 여기라는 말이다. 그령은 끌어메다라는 뜻의 '그러메다'란 어원에서 이른 말인데 들이나 언덕에서 흔히 볼 수 있는 잡풀이다. 잘 알려진 결초보은이란 익숙한 고사성어가 이 그령이란 풀에서부터 전해져 왔다고 전한다. 그령과 수그령이 어릴 때는 모양새가 비슷해서였던지 더러 혼돈을 일으킨다. 수그령이 언제부터인가 된 발음 수크령이란 이름으로 불리어졌다. 수크령. 이보다 호감이 가고 매력 있는 순수한 이름이 어디에 또 있으랴.

둑이나 논두렁 거친 들녘과 언덕에 흔히 보이는 여러해살이 들풀이다. 이삭은 연두색 누런색 진갈색 검보라색으로 털이 다양하다. 주변에 강아지풀이나 그령과 함께 있을 때 억지 표현을 하자면 군계일학같이 도드라져 보인다. 동대문 가까이에 있는 홍인지문공원 안에는 수크령이 성곽과 어우러져 고풍스러운 풍광을 펼치고 있었다. 성곽 아래 넓게 자리한 수크령 군락이 마치 도열해 있는 군사처럼 성안을 지킨다. 볼 수 있는 안목을 가진 자에게만 보여주는 풍경인가 싶었다. 이제는 들녘에서 실내로 들어와 꽃꽂이용 장식용으로도 용도를 넓혀 갈 정도이니 오지랖도 넓지 뭔가. 지천으로 깔려 있는 들풀을 하찮게 여기고 지나치지만, 알고만 보면 제 나름의 쓰임새를 지녀서 인간에게 도움을 주는 고마운 생명체다.

수크령의 억세고 드센 뿌리가 땅속 깊이 뿌리를 박고 악착같이 버티고 섰다. 토양유실을 막아주는 더없이 신통한 쓰임을 받아 훌륭한 몫을 한다. 군락을 이루어 하늘거리는 모습이 볼거리를 안겨주어서 조경용으로 손색없어 보인다.

동네 언덕 위의 수크령 무리들이 단정하지 않다고 밉게 여긴 나. 풀 한 포기마다 제각기 지닌 저마다에 가치를 제대로 보지 못하였다. 이 당당한 수크령. 풀 숲속에 제 나름의 이야기와 역사적인 숨결이 숨어 있었다.

수크령에게 새삼 애정을 보낸다.

**수크령 penisetum alopecuroides**

- 분 포 지 : 한국 중국 동남아시아
- 약명별명 : 낭미초 길갱이 지랑풀 말밥 랑미초 구미근초 길갱이 지랑풀 머리새 수크령
- 효 능 : 눈 밝음 결막염 기침 해소 해독 창독 각혈 폐열 청폐 호흡기질환
- 쓰 임 새 : 금연 보조제 원료 꽃꽂이 토양유실 조경 소 닭 말 먹이

# 유도화

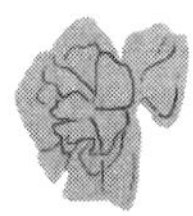

곧 벙그러질 꽃가지를 얻어왔다. 검색의 달인에게 사진을 찍어 보내면서 생경한 에피소드라도 들려주길 기대했다. 이내 유도화를 '협죽도'라고도 부르는데 잎이 댓잎처럼 좁고 복숭아꽃같이 붉다 하여 '협죽도'라 한다는 지식 정보를 날려준다.

그 정도야 진즉 상식이 된 터이다. 주차장 옆에 있던 것은 유도화가 아니고 바로 병꽃나무였다. 두 나무가 너무나 비슷해서 깜빡 속고 말았지 뭔가. 얼핏 보면 잎새와 꽃이 너무나

똑같아 보인다. 병꽃나무는 다시 차후에 지식을 깨우치기로 하고 유도화를 먼저 생각기로 한다. 공자님 말씀대로 배우는 기쁨을 느껴보자.

잎과 꽃 뿌리와 줄기, 모두 독성이 있는 식물이다. 이렇게 아름답고 매력 있는 유도화가 전신에 독기를 품었다는 것을 모르는 이웃들에게는 필히 참고로 들려줘야 한다. 잘못 알고 꽃잎을 입에 물거나 하면 어쩌나. 잎새를 짓이겨 상처 난 피부에 닿게 해서 탈이 나면 큰일이다 싶어 걱정을 끌어온다. 또, 혹시라도 나처럼 샐러드에 꽃을 넣어 먹는 것을 즐기는 사람이 있을지 누가 알랴.

사철 푸른 떨기나무인 유도화는 인도와 남유럽이 원산지이다. 산기슭에 지천으로 피는 그리스에서는 올리브 잎과 같다 하여 '꽃이 있는 올리브*olea*'라는 이름이 주어졌다. 평화를 상징하는 올리브를 연상했고 동양에서는 곧은 군자를 상징하는 대나무를 연상한 것이다. 기독교의 구약외전에는 '제리코의 장미'라는 구절이 있는데 그 말은 장미를 이르는 말이 아니라 아라비아 쪽에 흔히 피어 있는 유도화를 일컫는다. 이 꽃이 심오한 이미지를 불러일으킨 것은 덥고 척박한 땅이 제 삶터인 양 기후환경에 잘 적응하면서 사람과 친근해졌기 때문이라

하겠다.

깊은 인상을 심어주었던 유도화를 눈에 그려본다. 로스앤젤레스의 외곽 고속도로 중앙분리대를 장식한 유도화다. 끝없이 긴 거리를 유도화가 인도하고 있었다. 아무렴, 넓은 땅을 지닌 나라라시만 참으로 진기할 정도로 긴 행렬이었다. 잎줄기 끝에 작지만 무더기로 핀 하양 분홍 붉은색 꽃들이 흐드러지게 늘어진 광경은 무척 이채로웠다. 평화를 연상케 하는 것과는 달리 전초가 독성을 지녔거늘, 모를 리 없을 터인데 그걸 어찌 선택했을까. 접근금지를 대신한다는 암시라도 한 걸까, 도로를 가로지르는 야생동물의 접근을 막으려 했을까. 아직도 의문을 지울 수 없다.

아름다운 꽃들을 보면 자기방어가 철저하다. 잎줄기 끝에 많은 꽃을 피워서 은근한 향기로 마음을 끄는 유도화는 전초에 독성을 가진다.

옛 사극에 나오는 사약. 그 사약 원료로 쓰였다는 전래 동화 같은 이야기는 아마도 청산가리보다 더 독하다는 것을 강조한 말이지 싶다. 마법사의 주술에 미약媚藥으로 쓰이기도 한 유도화는 혼미한 정신 분열을 일으키는 부작용을 이용했을 것이란 추측이 일기도 한다.

식물의 본성과 쓰임은 각양각색이다. 유도화는 자기방어를 위한 독성을 지니지만 인간은 남을 해하려는 목적으로도 써왔다. 창조주의 조화는 참으로 신비하고 오묘한 숨은 뜻을 암시하는데 인간은 꽃을 두고서도 선과 악으로 나누려 한다.

**유도화 oleander**

- 분 포 지 : 인도 남유럽 미국 서부 한국 남부
- 약명별명 : 홍화협죽도 류엽도 구절종 만첩협죽도 제리코의 장미 여리고의 장미 부활초
- 효　　능 : 수피와 뿌리는 강심 이뇨. 뿌리껍질은 뱀독의 해독 잎새 즙은 종기의 독
- 부 작 용 : 구토 설사 심장박동 호흡장애 알러지 반응
- 쓰 임 새 : 즙을 화살촉에 발라 사냥에

# 작약

**전철** 안이 환해진다. 중년으로 보이는 여인이 함박꽃을 한 아름 안고 내 옆자리에 와 앉았다. 그녀의 얼굴도 꽃처럼 곱다. 백색과 적색이 정결하고 맑기도 하다. 오월의 여왕이라는 장미의 대명사가 무색할 정도이다. 작약도 장미에 못지않은 오월의 여왕이고말고.

컬러풀한 화려함보다 흑백 콘트라스트는 고아한 멋을 연출한다고 여겨왔다. 그 흑백보다 적과 백이 더 우아한 조화로 심연을 울릴 줄이야. 모르는 이와 대화하길 꺼려하는 내가 대뜸 말문을 열었다. 농장에서 자기가 가꾼 거란다. 호기심이 일어 농장이 보고 싶다고 하자 이내 놀러 오라고 초청을 한다. 반갑고 고마워서 꽃이 지기 전에 곧 방문하기로 약속을 했다.

팬데믹 이전에 계획했던 것이 무산되어 애석함을 쉬이 거두지 못하고 미련을 품고 사는 중이었다. 삼 년 반여의 우여곡절이 지나고 엔데믹이 시작되어 모두가 정신적 자유와 느긋함으로 한껏 고조되는 요즈음이다. 이루지 못하거나 불가능한 일에 미련을 두고 집착하는 버릇이 나만의 옹고집인가. 그렇지 않다고 도리질하는데 옛 생각이 고개를 든다. 농원이 아니고 소규모 메디허브가든을 이루어보고자 꿈꾸었던 때를. 체력 부족과 노동력이 큰 핸디캡이란 탓에 핑계를 두고 마음을 접은 상태였는데 중병이 또다시 스멀스멀 도지려 한다. 엊그제 조우했던 그녀를 찾아갔다.

건강해 보이는 농군이 밝은 웃음을 지으며 도롯가로 마중을 나왔다. 밀짚모자에 장화를 신고 헌옷 차림을 한 품새가 영락없는 농사꾼이다. 익숙한 관계처럼 스스럼없이 환영을 주고받았다. 2남 3녀 중에 막내로서 엄마 병구완도 막내가 하고 아버지 돌아가실 때도 곁에서 돌봐드린 것을 막내의 심성에 감복한 부친이 가실 때 다른 형제 놔두고 농지 삼백여 평을 이

딸에게 유산으로 주셨단다. 바로 그 땅에 막내딸은 매일같이 아버지를 생각하며 채소와 여러 식물을 정성껏 가꾸고 있었다. 시어머니는 마늘 양파 완두콩 들깨 상추 부추 등의 채소를 기르고 그녀는 꽃과 수익성 좋은 에메랄드그린 묘목을 키우고 있었다. 그녀는 일생에 황금기를 맞은 제2의 인생을 일찍 엮어가는 중이다. 버스와 지하철이 지나는 큰 도로에서 한 길 안으로 들어간 버젓한 농지가 내겐 무척 이상적으로 보여 부럽기까지 하였다.

먼저 눈길을 끈 것은 하양 분홍 적색이 한데 어우러진 작약밭이었다. 잠시 무아지경에 빠져들다가 눈을 뜬다. 한참 흐드러진 꽃 속에 파묻혀 감탄을 거듭한다.

작약은 우리의 고유한 함지박처럼 넉넉한 함박꽃이란 별명을 지녔다. 작약 작芍 자가 함박꽃을 뜻하기도 해서 그리 부르기도 한다. 모란이 지기 시작하면 동양의 장미라 부르는 작약꽃이 기품을 보이며 피어난다. 홑꽃에 노란 수술과 암술이 환한 자태는 봄의 여왕이라 할 만큼 크고 탐스러워 마음을 흔든다. 요즘은 새로운 품종이 다양해져서 이 계절이 더 황홀할 지경이다. 이제는 장미보다 결혼식 부케나 꽃다발, 행사 장식용에 등장해서 화려한 변신으로 아낌을 받는 꽃. 지방마다 생태

공원에서는 꽃사랑을 노래하며 관광객에게 손짓한다.

작약은 약초 중에서도 가장 크고 멋진 꽃을 피워내는 여러해살이 초본이다. 한방에서는 5대 약제 중의 하나로 백작약은 자양 보혈 소염 진통 건위에, 적작약은 활혈 항산화와 어혈 타박 염좌 등에 쓰인다. 문헌에 약재로서의 작약은 백과 적작약을 뿌리로 구별한다. 백작약은 흔치 않아서 귀하게 여기니 가을에 뿌리를 포기 나누기를 해 멀리 옮겨 심어야 좋다. 종자는 가을에 파종하여 봄에 싹이 나면 모종을 해둔다. 근래엔 색을 구별하지 않고 웬만하면 같은 용도로 모두를 응용한다지만 적작약과 함께 심으면 벌들의 수분은 근친교배를 불러오니 어찌하랴. 자연의 신비로운 조화를 누가 말릴까. 꽃이 다 지면 가지 위에서 아래로 삼분의 이쯤 잘라내야 한다. 마늘쫑 낚아내듯이 해야 뿌리가 실해지니까.

예전에는 으레 모란과 작약이 꽃밭에 있었고, 부귀와 영예의 상징으로 실내에 그림을 걸어놓고들 하였다. 복이 많이 들어온다는 의미에서다. 우리 작약은 거실 벽 그림에서도 이불 위에서도 복을 불러오는 것 같았다. 어릴 적, 겨울밤 할머니의 모본단 이불에는 커다란 함박꽃이 가득 피어 있었다. 꽃상여에 만장을 휘날리고 북망산에 오르시던 날, 마님이라 불리던 할머니는 진정 그렇게 복을 짓고 가시었다.

의료의 신 아스클레피오스가 젊고 유능한 파이온이라는 제자를 두었는데 제자의 명성이 높아지자 질투가 일어나 파이온을 죽이려 했단다. 이때 제우스가 파이온을 꽃으로 만들어 생명을 구해주었고 훗날 그 꽃이 피이온의 이름을 따 피오니가 되었다는 작약의 신화가 전해온다. 흥미로운 상징이다. 기원전 그때 작약이 치료에 쓰이는 약제로 가까이서 사랑받고 있었다는 증표이리라.

지천으로 피어나는 꽃 중에서도 오월 작약이 내 곁에 와서 귀한 인연을 맺어주었다. 다시 매디허브가든이 머릿속을 휘젓는다. 작약 당귀 골담초도 심고 담장 곁에는 로즈마리 인동초 쥐똥나무도 심어야지.

그녀가 은연중 내게 붉은 꽃불을 튀기고 있다.

**작약 paeonia lactiflora**

- 분 포 지 : 한국 중국 일본
- 약명별명 : 작약 백작약 적작약 호작약 산적자 작약화 함박꽃 초목단 오지 홍약
- 효 능 : 어혈 활혈 심혈관계질환 보혈 소염 두통 건위 요통 근경련 항혈전 진정 진통
- 쓰 임 새 : 꽃차 관상용
- 꽃 말 : 수줍음 사랑 아름다운 조화 결합 부귀 부끄러움

# 강아지풀

**작정을** 하고 나선다. 언제부터인가 해마다 가을 행사처럼 챙겨오곤 했다. 무슨 일이 있어도 오늘은 강아지풀 줄기를 채취하려고 마음먹고 나왔다. 몇몇 무리들이 한구석에서 용케도 벌초에 걸려들지 않고 살아남아 반겨준다. 잘 되었다 싶어 이삭 줄기를 모아 왔다.

요즘엔 공공근로자들이 잡초가 성숙하기도 전에 예초기로 잘라내 버리니 도심에서는 자랄 틈도 만나 볼 새도 없다. 쉽게 만날 수 있었던 강아지풀도 이젠 묵정밭에나 들녘, 고수부

지나 한적한 시골길에 가야 볼 수 있으니 조화롭지 못한 도심의 삭막함을 느끼게 된다.

고층 아파트가 달맞이언덕 위에까지 차지해버렸다. 주위의 깔끔한 조경은 아파트값에 부가가치를 올려준다고들 한다지만. 그런 이유 중 하나로 잡초들의 영역은 자꾸 좁이만 간다. 주변에 야생초 생태 언덕으로 꾸며도 좋은 풍경이 될 터인데 가치 기준이 다르니 안타까울 뿐이다. 도심에서는 귀찮은 존재로 여기나 그저 내게는 강아지풀이 귀한 몸이 되었다.

아주 먼 옛사람들에게는 구황식물로 가라지라고 하는 알곡을 긴요한 곡물로 여겼다. 이삭 종자를 거두던 그들이 수천 년이 흐른 후 이삭은 버리고 줄기만 원하는 누군가가 있으리란 생각을 상상이나 해 보았을까. 조와 비슷한 모양새를 가진 강아지풀이 걸리버 여행기 속의 소인 같아 보이기도 할 것이다. 조와 강아지풀은 같은 염색체를 지닌 종족에 속한다고 한다. 네안데르탈인과 호모사피엔스가 수만 년 전 유전자 교합을 했다는 보고처럼 생명 보존의 진화는 정말이지 흥미진진하다.

시골에서 자랐던 연로한 분들은 어린 시절 강아지풀이 훌륭한 놀잇감이 되었던 추억을 하나쯤 지지고 있을 것이다. 이삭으로 친구들의 목덜미 간질이기, 이삭을 주먹에 살짝 쥐고

움직여서 누구의 것이 밖으로 빨리 나오나 시합하기, 입안에 혀를 소리 나게 굴려 손바닥 위에서 이삭 속에 숨어 있는 벌레 나오게 하기 등. 잡초 하나만 가지고도 몇 시간씩 놀 수 있는 장난감이 되었다. 그 시절 아동들은 자연 속에 동화된 순수한 그림 그 자체였다.

어쨌거나 무리 지어 자라기도 하는 강아지풀 줄기는 채취 시기를 잘 만나야 건강한 것을 얻을 수 있다. 강아지 꼬리마냥 맺혀 있던 꽃이 씨앗을 맺어 머리를 숙일 때, 구월 초쯤이 가장 적당하다. 알맞은 굵기를 골라 이삭 줄기를 잡고 살살 끌어 올리면 끊어지지 않고 끝까지 따라 올라오는 그때가 말이다. 가늘고 연약해 보여도 이쯤에 채취해야 탄력 있고 잘 부서지지 않는다. 굳이 말하자면 남성적이고 좀 거친 수크령보다는 부드럽고 여성적인 느낌을 주는 강아지풀이 훨씬 촉감이 좋다. 올해는 두어 움큼으로 만족해야 할 것 같다.

이삭은 잘라내고 간이 삼삼하다 싶은 농도의 소금물에 줄기만 씻어 그늘에 말린다. 중간 정도 말려진 풀줄기를 살짝, 아주 살짝 다림질해준다.(다림질은 개인 기호 따라 한다.) 하루 이틀쯤 지나 연노랑 빛을 띤 깔끔한 마른 줄기를 손가락 두 마디 정도 길이로 잘라 정돈한다. 가장 친근하고 마음 가는 이에게 선물하고픈 이쑤시개가 완성된 거다. 이게 바로 친환경 이쑤시개, 들풀에서 얻은 멋진 창작품이다. 작고 예쁜 병에 담아 선물해 보시라.

쓰다가 버리면 공해를 일으키기는커녕 흙으로 돌아가는 원초적인 자연 순환의 이치를 알려주기도 한다. 지구와 인류를 병들게 하는 플라스틱과 비닐을 대체할 수 있는 자연 친화적인 자원은 산이나 들에 지천으로 널려 있다. 불편하고 촌스럽다고만 여기기보다 골동품처럼 예스럽고 고전적인 느낌의 앤티크한 수공예품 등, 자연으로 돌아가는 작은 운동으로 삼으면 어떨까.

마음과 눈과 몸을 조금씩만 낮추고 세상을 바라본다면 한결같이 우리를 돕는 자연에 새삼 감격하고 말 것이다.

**강아지풀 setaria**

- 약명별명 : 구미초 낭미초 금강아지풀 갯강아지풀 숫강아지풀 자주강아지풀 가을강아지풀
- 효　　능 : 전초 열독 충혈된 눈에 안구건조증 눈 피로에 즙-옴 버짐 종기 상처에 짓찧어 바른다
- 민 간 약 : 예전에는 말린 뿌리를 달여서 촌충구제에 쓰기도 하였다
- 식　　용 : 전초를 말려서 차로
- 쓰 임 새 : 이쑤시개 염색하여 드라이플라워로

# 뽕나무

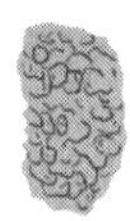

**식물로부터** 얻게 되는 효용가치를 곧잘 잊고 살아간다. 유통이 원활하고 생활이 풍요로운 이유일 수도 있겠다. 가공식품과 건강식품, 도구들의 이용은 의식하지 못하는 사이 편리한 습관으로 몸에 배어든 지 오래다.

홍수처럼 쏟아지는 정보로 사람들의 상식은 디지털 시대에 걸맞은 전문가 못지않게 유식해졌다. 그럼에도 건강상담을 해줄 때 나는 이왕이면 쾌요법을 권유하면서 자연에서 얻을 수 있는 방법을 알려주려 애쓴다.

근래 흥미를 되찾게 된 뽕나무는 식물의 가치와 고마움을 다시 배우는 계기가 되었다. 여러모로 깨우침을 얻는다. 모르는 게 많아서 새삼스레 난감하다. 배워서 남에게 알려주자는 겸손한 자세로 대한다.

뽕나무는 버릴 게 하나 없다. 이처럼 알자고 용골친 나무도 드물 것이다. 뿌리에서부터 우듬지까지 인간에게 쓸모가 이토록 많다니 그저 흔감할 일이 아닌가.

한 나무에서 얻은 뿌리 껍질 잎, 가지 열매 겨우살이 버섯 비단 목재. 이 모두가 인간에게 도움을 주는 약재와 먹을거리와 쓰임새 일색이다. 쌍백피 쌍엽 쌍지 쌍심 쌍기생 상황버섯 동충하초 백강잠 등의 약재와 누에 번데기 누에고치 비단 거기다 오디와인까지. 쓸모 많은 식물임엔 두말할 것도 없다.

수천 년 전부터 뽕나무는 인간의 생존을 위해 중요한 식물이었다는 것을 많은 기록으로 전해주었다. 삼국시대 이전부터 조선시대까지 지혜로운 임금들은 양잠을 장려하여 따뜻한 경제성으로 백성들을 다스렸던 기록을 남겨두기도 했다. 춘추전국시대에는 누에를 천충天蟲, '하늘에서 내린 벌레'라 불렀고 인간들에게 도움을 주는 신이 내린 나무라 여겼다 한다. 전국시대, 뽕나무 숲을 지나가던 병사가 뽕잎 따는 궁중 여인네들의 수다 속에서 군사기밀을 듣게 되었다. 진나라가 전투 작전에 실패한 초한지 속의 이런 삽화에도 뽕나무가 등장하였으니 오지랖도 넓은 나무다.

영양 많은 뽕잎을 먹고 자란 누에가 우화하는 동안의 보금자리 뽀얀 고치. 그 고치에서 빚은 비단은 그 옛날 중앙아시아로부터 유럽 로마까지 동서를 잇는 가교역할을 해온 공신이다. 사치와 호사를 누리던 왕족이나 상류층에게 비단은 단연코 선호하는 옷감으로 취급받았다. 곱고 가볍고 맵시 있는 귀한 옷감이다. 향료와 보석 도자기와 함께 고부가가치 무역 품목이 되었다. 무역과 문화의 동서교류를 이룬 하나의 매개체가 된 것이다.

공급해줘야 할 입장인 중앙아시아 대상들은 중국에서부터 우리에게까지도 물량을 공수해 갔다. 동서 교역을 위해 열대 사막과 고산준령을 거쳐 고난의 행군을 하다 보니 비단길이라는 통로가 생겼다. 현세에 와서는 실크로드라 불리는 무역 수송로의 세계적인 각축장으로 변했으니 수천 년 전의 비단길을 생각하면 격세지감이 아닌가.

신화에 관심 있는 이들은 애정을 가지고 스토리를 기억하며 상상한다. 인간과 끈끈한 관계로 살아 온 뽕나무에게도 아름다운 신화를 지니고 있다. 기원전 바빌로니아 어느 마을에 앙숙이 된 두 집안 처녀총각의 애틋한 사랑 이야기다. 마을 끝 우물가 뽕나무 밑에서 만나기로 약속한 티스베와 프라모스. 일찍 도착한 티스베가 멀리서 오는 사자를 보고 너울을 떨어트린 채 바위 뒤에 몸을 숨겼다. 뉘늦게 찾아 온 프라모스는 뽕나무 밑에 피 묻은 너울을 보고 틀림없이 티스베가 사자에 물려 죽은 것이라 여기고 그녀 없는 세상을 비관하며 몸에 지닌 칼로 가슴을 깊이 찔렀다. 바위 뒤에 숨었던 티스베가 피를 흘리고 죽어간 프라모스를 보고 슬픔에 겨워 따라서 목숨을 버린다. 이때 솟구친 핏물이 하얗던 열매를 붉게 물들이고 피의 죽음으로 연인들의 사랑을 맺게 하였다는 신화다. 연인들의 못다 이룬 안타까운 사랑 이야기를 예술가들은 후에 문학과 그림으로 승화시켜주었다.

오디, 오돌개라고도 부르는 쌍심은 피를 돕는 뽕나무 열매다. 유월 초쯤이면 험상궂은 벌레 모양을 한 꽃이 달콤하고 즙이 많은 독특한 검보랏빛 열매로 익어간다. 뽕나무 전체 중에서도 피로 강장, 보기 조혈작용이 탁월해서 긴요하고도 기분 좋은 보약재로 쓰다. 이 맛 좋은 오돌개를 제때 신선하게 입술이 시커멀 정도로 먹어보면 더욱 좋을 터이다. 이곳저곳에 즙이 묻으면 잘 지워지지 않으니 진보라색 염료로 이용하면 고품격 색깔을 보여줄 것도 같다.

오디를 숙성하여 만든 오디와인이 버젓이 건재한다. 국내에서 유일한 내 고향 부안 브랜드로 자존심을 가진 와인이다. 뽕나무밭이 많았던 면面에서 지자체 명운을 걸고 개발해낸 뽕주. 술의 신 디오니소스가 아니더라도 진즉 우리 조상들은 예지로 터득한 술을 숙성하는 블렌딩 기술이 있었다. 맛이 순하여 취하는 줄 모르고 권커니 잣커니 자꾸 마신다. 부드럽고 달콤한 향기가 은은하게 긴 여운을 남긴다. 빛깔 또한 로마 황제나 귀족이 입을 수 있었던 망토, 그 귀한 퍼플보다 우아하다. 부르고뉴 부시아바룰로 정도만 알고 있던 내게 환상적인 유혹을 느끼게 한다. 휴 존슨이 말한 '죽기 전에 반드시 마셔봐야 할 와인' 중의 하나로 꼽던 바롤로 못지않은 맛임엔 분명하리라. 뽕, 오디와인은 대중들에게 사랑받을 것임엔 틀림없는 사실이다.

십 년이면 강산도 변한다는 우리말처럼, 문화와 경제, 과학의 발전으로 이제 뽕나무밭은 전설이 되듯 한다. 그렇지만 다시 농상農桑을 육성한다면 상전벽해桑田碧海가 아닌 상전귀벽상桑田歸碧桑. 뽕밭이 다시 푸른 뽕나무 숲이 되어 신재생 산업을 일으킬 수도 있으리라.

노거수를 존엄한 동네 어르신으로 여긴다면 작은 나무야 볼품은 없지만 뽕나무는 거룩한 나무라 하여도 손색이 없다. 뽕나무는 역사와 경제와 전쟁과 사랑을 엮어간 신령한 나무다. 뽕나무가 인간에게 베푸는 덕은 많고도 많아서 신목神木이라 불러도 좋을 은혜로운 나무이다. 모든 이들이 음으로 양으로 인간을 돕는 식물의 가치를 존중하며 살아가는 자세를 잃지 않으면 좋겠다. 식물들이 이 세상에, 기후환경 변화에 반란이라도 일으키면 어찌할지 두려운 생각이 든다.

그때 우리 인간들은 어떻게 살아갈 것인가.

**뽕나무 morus alba**

- 분 포 지 : 우리나라 전역 중국 아시아 일본 북미 온대지방
- 효　　능 : 해열 청열 두통 해수 항산화 항암 예방 빈혈 보기 해갈 면역력 증강 정장 효과 미네랄 공급 심혈관 질환 변비 이뇨 두피건강 노화 강장 강정 피부미용 눈 밝음 간 보호
- 식　　용 : 쌈 절임 튀김 나물 식빵재료 첨가제
- 쓰 임 새 : 바구니 가구 목재 나무못 목관 위폐 염료 잉크 실크 옷감 실

# 변란

**티브이** 옆에서 매일 눈맞춤을 한다. 오랜 세월 함께 살고 있으므로 우리에게는 예사 꽃이 아니었다. 변화를 그다지 달가워하지 않는 식구들을 닮아 가는지 낡은 토기 화분 속에서 소박한 모습 그대로의 미덕을 지닌다.

돌아가신 아버지의 사십구재가 있던 해, 재가 끝난 후 훈이 아저씨가 개암사 뒷산 언덕에 올라가 난을 캐어 왔다. 이월 말께 아직도 잔설이 남아 있던 겨울바람 속에서 벌써 꽃눈을 트고 있었다.

그즈음 이미 타지 사람들이 변산의 난을 귀히 여겨 보이는 대로 캐어가는 바람에 멸종될 위기에 있다는 말을 들은 터였다. 난이 우리 품안으로 오게 된 것은 아저씨의 정감 어린 마음 씀과 부지런함 덕분이었다. 변산에만 있는 귀한 난이니 변란邊蘭이라 하면 어떻겠느냐며 즉석에서 멋진 이름까지 붙여주어 분양을 받아왔다. 야생 춘란이지만 잎줄기가 범상치 않고 귀티가 흐른다. 쭉 뻗은 줄기가 윤기를 잃지 않고 생생한 것이 반가운 만남의 시작을 예감해 주었다. 변란은 그렇게 우리 식구가 되어서 세월을 같이하며 아저씨의 생각을 때때로 불러오곤 했다.

아저씨는 난 잎처럼 생생하다가도 가끔씩 술에 만취가 되면 생을 포기한 듯 인사불성이 되었다. 2대째 독자이신 나의 아버지와는 유일한 형제지간인 셈이다. 예전에 중학교 서무직에 있으면서 바느질을 하는 허리 굽은 홀어머니와 여동생을 부양하고 있었다. 붓글씨도 펜글씨도 명인에 가까웠고 또닥또닥 소리가 나는가 하면 무엇이든 감쪽같이 수리를 끝내는 재주가 출중한 분이셨다. 우람한 가슴속에서 울려 퍼지는 '축배의 노래'는 언제 들어도 일류 테너 가수 빰쳤다. 항상 갓면도한 파르란 턱수염이 보기 좋았다. 여배우 킴 노박을 무척 좋아해서 딸 이름도 '노박'이라고 호적에 올리어 부를 만큼 감성이 특별났다. 우리 집안의 크고 작은 일들을 돌보아 주셨고 바깥세상 돌아가는 얘기를 자상하게 전해주곤 했다. 우리는 그를 통해 읍내의 소식을 훤히 알 수 있었다. 어린 내게는 뽀빠이처럼 팔을 불끈 올려서 팔 그네를 만들어 그네를 타게 해주었다. 나는 매일 아저씨가 오길 기다렸다.

그렇게 다정다감했던 분이 언제부턴가 세상을 등질 것처럼 큰 소리로 엉엉 울어 젖히는 것을 종종 알게 되었다. 그는 점점 폭음이 잦아지고 우울증에 빠져 염세적으로 변해갔다. 도무지 이해할 수 없었다. 먼 후일 그는 증조할아버지가 좋아하던 기생 춘심이의 손자였음을 알게 되었다. 신분에 대한 열등감을 극복하지 못하고 자포자기를 하기에 이른 것이다. 지금이 어떤 세상인가. 어느 조선시대 이야기인가. 부질없는 비관은 비수가 되어 나날이 심약해 갔다. 시대가 달라졌다 해도 출신에 대한 주변의 입방아는 그를 괴로움에서 헤어나지 못하게 하였다.

기생의 손자란 주홍글씨를 가슴 깊이 달고 평생을 사신 심정을 뉘라서 다 헤아릴까. 요즘 세상이라면 삼십 대에 상처를 하고 홀로 사셨던 증조부의 외로움을 충분히 헤아렸으리라.

뱃심 좋은 한량기가 아닌 기생 춘심이와의 로맨스를 웃으며 말할 수도 있지 않았을까. 그때만 해도 그러한 신분이 옛이야기로만 돌릴 수 없는 현실적인 삶의 조건이었다. 훈이 아저씨는 그렇게 술독에 빠져 젊음을 아쉽게 살다가 쉰쯤 되어 어느 날인가 밤새 소리 없이 세상을 떠나셨다. 삶의 조건에 불복하고자 하였던 몸부림이었을까. 그리도 힘들어 아무도 모르게 조용히 가신 것일까. 다음 생에는 당당한 적자로 태어나 보란 듯이 포부를 펼칠 수 있기를 두고두고 빌었다.

스무 해를 함께 살아왔던 변란은 오래도록 잘 돌보지 않아서였던지 도무지 꽃을 피울 생각을 하지 않았다. 곧은 진초록 잎새 몇 개가 말라 버리면 이듬해에 한 촉의 새싹이 나와서 그나마 겨우 연명을 해왔다. 변란을 반갑게 만났던 초심은 사라지고 무관심으로 세월을 보내었으니 여린 생명을 가진 식물이라 한들 어찌 꽃 한 송이 그냥 피워내고 싶었을까. 사랑은 흠뻑 받아 보아야 남에게 줄 줄도 아는 것을.

그러던 어느 날 아침, 웬 향기가 거실에 가득했다. 뜻밖에도 변란이 하얀 꽃 두 송이를 피워 올린 것이다. 그즈음 아들은 결혼 문제로 무척 가슴앓이를 하는 중이었다. 제 아버지는 고집스럽게 며느릿감을 당신이 선택하고 싶어 했고 아들은 아들 대로 심중에 둔 연인이 있었다. 줄다리기는 서로를 너무 오래 지치게 했다. 집안의 분위기가 편치 않았는데 때맞추어 생각지도 않은 꽃 두 송이가 향기를 품고 피어났던 것이다. 처음 꽃망울을 달고 집에 온 후로 이십 년만의 개화였다.

결혼을 앞두고 저희 아버지와 대립하는 일을 두고 보기에 애가 탔던가 보다. 난의 개화는 부자간의 마음을 이어주는 징검다리가 되었나. 남편은 짐짓 고집을 내려놓았고 아들은 결국 제 뜻대로 결혼했다. 왠지 두 송이 꽃이 서로의 마음을 껴안게 도와줬다는 생각이 들었다. 훈이 아저씨의 영혼이 꽃으로 피어나 또다시 우리 집안의 대사를 도와주시는구나. 분명 아들의 결혼을 도우려고 피어난 영험한 꽃이라 믿고 싶었다.

난에게 거듭거듭 입맞춤을 했다.

## 제3부

# 개망초

개망초 / 산자고

사위질빵 / 팔손이

왕고들빼기 / 붉노랑상사화

서리태 / 꽃범의꼬리

# 개망초

**발걸음을** 멈춘다. 포구에서 바람 따라 밀려온 해무가 주위를 에워싸고 있다. 자욱한 연기 같다. 하늘 위에서 보면 그저 떠다니는 구름일 뿐이라 여길 것이다. 저 안개는 어쩌자고 가슴을 후벼드나.

녹음방초 은은한 향기가 코끝을 스칠 때면 으레 순련이가 떠올라 해마다 유월을 앓는다. 한밤에 나타났다 사라진 꿈속의 옛이야기이기를 간절히 바랐다.

속울음은 한 편의 씻김글로 잊게 해주는 듯도 싶었다. 이제 그만 잊어질 줄 알았던 망초꽃 그녀가 몽환 속에 되살아 난다.

서너 달 도우미로 와서 우리 가족을 위해 수호천사처럼 성심을 다했던 그녀가 말도 없이 밤중에 사라져버렸다. 걱정 반 의심 반으로 몇 개월이 흐르던 중에 어느 병원의 갑작스러운 연락을 받았다.

거기에 와 있는 그녀가 조울증 치료와 신장 혈액투석을 해야 할 상황임을 알려준다. 처음 듣게 된 놀라움에 이내 측은지심이 일었다. 자력에 이끌리듯 이 병원 저 병원으로 그녀를 찾아다니는 보호자 아닌 보호자로 행세하게 되었다. 그렇게 칠 년여 해가 함께 지나갔다.

지난 몇 년을 돌이켜본다. 별스럽게 바지런하고 정갈한 그녀의 몸놀림이 마음에 들어 만족하며 지냈다. 신체의 에너지가 극도로 소진되었을 때 조울증세가 도지는 전력을 가지고 있었던 것을 전혀 알지 못했다. 제 딴엔 심신이 무척 지쳤던가 보았다. 나의 무딘 배려 탓에 그녀의 건강이 그리되었나 싶어 애가 탔다.

멀리 의령정신병원을 낯설게 찾아가던 날. 굽이진 논두렁에도 들녘에도 길섶에도 흐드러지게 피어난 개망초꽃이 너울처럼 펼쳐졌다. 그 무리들은 나를 환영하는 기색은 아니었다. 거친 함성이라도 내지르는 것 같았다. 이름 없는 것들의 어떤 절규인 듯, 뭇사람들에게 소외되는 잡초가 아니라는 듯, 하얗게 자기를 알리고 있었다. 무언가 가슴이 먹먹하게 조여 와서 답답했다.

가혹한 통제 속에서 심하게 망가진 그녀의 모습은 아린 마음으로도 부족하였다. 그곳까지 찾아가서는 들고 온 만두를 내밀며 환자복 위로 어깨만 다독이다가 돌아왔다. 환자를 자꾸 이동시키는 병원의 사정을 알 수 없으나 또다시 다른 도시의 어느 병원으로 옮겨지게 되었다. 불편한 교통과 무거운 발목은 바쁜 나를 더욱 붙들었다. 결국 얼마지 않아 최후 비보를 듣고야 말았다. 사후 처리를 병원에서 임의로 해도 좋은지 물어왔다. 오늘내일하고 미루었던 나와의 약속을 자책하면서 망연자실, 정신을 놓고 있을 때 어두운 저 구석에서 누군가 말했다

'거기서 잘 치러 줄 거야. 넌 할 만큼 했어. 그 먼 곳까지 혼자 가서 어찌하겠다는 거냐. 책임을 회피한다 해서 나무랄 사람은 아무도 없잖아. 잘해준다 하니 어쩌면 다행한 일인지도 몰라.'

순간 마귀 같은 악인의 속삭임이 귓가에 들려왔다. 외롭고 힘든 처지를, 생이 끝나는 절박한 심정을 헤아리기나 했으랴.

그녀는 끝내 그렇게 세상을 떠나고야 말았다. 찾아와 주리라는 실낱같은 믿음으로 기다렸을 순간은 여삼추 같았으리라. 도와줌의 한계는 만용이라는 이름을 감추어 두고 뒷감당도 못 했다.

내 의지는 단 한 사람도 껴안을 수 없었다. 결정적인 시점에 양심을 내려놓은 것에 대하여, 구차한 구실을 찾음에 대하여, 마지막 영혼을 떠나보내며 이별의 의식이라도 치러 주지 못한 것에 대하여, 나 스스로를 용서하지 못하는 옥죄임이 사라질 줄 몰랐다. 한동안 혼이 빠져 멍청한 채로 혼란 속에서 나날을 보내었다.

이십여 년의 세월이 흘렀다. 이제는 어떠한 핑계도 변명으로도 씻어낼 수 없는 상흔이 되어 불치의 기억으로 남았다. 내 몸에 새겨진 화인花印처럼 안고 살아가야만 한다. 아직도 그녀가 망초꽃 속에 되살아나 마음을 흔든다. 안개처럼 밀려오는 개망초꽃 무리들. 보호받지 못하고 무관심에 익숙한 잡초, 가녀린 듯 강인한 들꽃.

유월이 오면 청순한 미소를 닮은 개망초꽃을 바라보며 순련을 더욱 그리워한다.

**망초꽃 erigeron annuus**

- 분 포 지 : 전국 각지 밭 들 길가 빈터 북아메리카가 원산지인 귀화식물
- 약명별명 : 망초 망국초 왜풀 개망풀 일년봉 전장초 장두초 지백체 유마초 백마란 여완 아종소 큰망초
- 효　　능 : 해독 해열 감기 림프선염 항염, 장염으로 인한 설사 지수범승 간실환 예방
- 식　　용 : 봄나물 생채 비빔밥 잎줄기와 전초를 발효해서 음용 꽃차

# 산자고

**미리** 준비한 호미를 들고 산소를 찾아갔다. 엉겅퀴가 양지바른 봉분 위에까지 올라와 텃세를 부리듯 한다. 묘 주변에 지난봄 몇 개가 눈에 뜨이더니만 그동안 자손을 많이도 뻗쳐 놓았다.

낙향해 사는 작은오빠 내외와 묘지에 나기 시작한 엉겅퀴를 샅샅이 뒤져 캐내며 묵은 이야기를 꺼낸다. 부모님 봉분에는 웬일인지 잔디가 착지를 못하고 흙이 마른 채 벗어져 있다. 두 차례나 거금을 들여 흙을 갈아 올리고 떼를 입혔는데도 자라지 않고 다시 보기 흉한 꼴이 되었다. 마음먹고 묘를 다시 둘러보며 애꿎은 엉겅퀴에만 탓을 돌린다.

애가 쓰인 작은오빠는 다시 사초하는 일에 걱정이 여간만 아니다. 봉분이 마르고 떼가 살지 못하는 것은 독성을 가진 솔잎 때문이라고도 했다. 이려서부디 소나무를 이웃하며 성장하고 소나무 숲을 바라보며 정서를 키우고 사는 우리다. 바람결을 타고 솔숲에 묻어나는 솔향은 얼마나 향기로운가. 솔잎을 탓하면 안 될성부르다. 근거를 둔 이야기는 아닌 듯싶은데 괜스레 솔잎에다 의심을 하는 일이 부질없었다. 거친 자갈도 간혹 보이는 것이 해풍과 바닷물에 절인 흙을 가져다 성의 없이 덮어 둔 것은 아닐까. 나름의 해석도 해 본다. 이렇게라도 한 번 와서 손을 보게 되는 기회를 갖기도 쉽지가 않다 싶어 묘지 부근을 북북 기어 다녔다. 상석 아래 구석진 곳에 솟아난 엉겅퀴를 뽑아내는데 이게 무언가.

마른 잔디 덤불 사이로 하얀 들꽃이 기냘프게 얼굴을 쏘옥 내밀고 나를 반겼다. 이런 척박한 곳에서 꽃을 피우다니. 생전에 큰 웃음소리 한 번 내지 않던 어머니의 소리 없이 싱긋 웃는 미소가 꽃 속에서 피어났다. 난 잎을 닮은 기다란 잎줄기에 종 모양의 작고 작은 하얀 꽃, 꽃잎 여섯 개가 쭈뼛하게 날이셨다. 아들 둘에 딸 여섯, 딸들 뿔뿔이 시집보내 놓고서 한 번 찾아가지도 못하고 홀로 마음 졸이던 어머니를 떠올려준다.

늘 쇠약하던 어머니는 반평생을 실내에서만 살다시피 하셨다. 2대 독자 집안에 와서 자식 농사 많이 짓느라 다산多産으로 얻은 산후풍과 전신 류마티스와 심장병이 지병이 되었다. 청서리집 마님이라 불렸던 음전한 할머니의 큰살림을 감당해내지 못했던 마음고생도 한몫했으리라. 금방 큰일나는 병은 아니어서 그냥저냥 움직이셨다.

요즘 같으면 진즉 치료했을 터지만 온몸이 쑤셔대는 고통과 무기력을 혼자서만 껴안고 살았다. 할머니가 돌아가시기 전까지 열쇠 꾸러미가 어머니의 허리춤에 매여 있는 것을 보지 못했던 것도 같다. 총기 넘치는 큰올케의 언변에 눌려 허열을 앓으며 사신 어머니. 시모와 며느리 사이에서 기를 못 펴고 지질컹이가 된 채 적삼을 자주 풀어 헤치던 가슴속은 말라 버린 연못이었지 싶었다.

내가 시집간 후로 웬만큼 바깥출입을 할 수 있게 되었어도 막내딸네 집 한번 찾아오지 못했으니 막냇사위를 향한 사랑이야 마음뿐 가슴만 졸이다 가셨다. 생굴을 접시째 들이키는 사위의 먹성을 보며 흐뭇해하던 어머니. 사위가 어디 좋아서만 그랬으랴. 항상 여리고 투정 많은 막내딸 걱정이 되는 내심이겠지.

남편은 일이 년에 한 번씩 처가에 들러 처남댁의 후한 대접을 받으면서도 항상 투정하듯 뭔가 허전해했다. 일찍 돌아가신 장인 장모의 사랑을 듬뿍 받아 보지 못한 섭섭함을 오래도록 떨치지 못하는 게다. 처음부터 뵙지 못했다면 모를까 김서방을 자주 부르며 끔찍이 아껴주던 처부모였다. 제대로 효도도 해 보지 못한 아쉬움을 달래고 싶어선지 산소에 가면 공연히 묏등을 슬슬 쓰다듬으며 마른 풀만 자꾸 뜯어낸다. 어머니도 그 마음을 아셨는지 들꽃으로 나타나셨다.

이름을 기억하고 있던 '산자고山慈姑'. 실물을 처음 만나게 된 그 산자고. 산에 있는 자애로운 시어머니를 상징한 이름. 언젠가 사진 속에서 눈을 끌었던 들꽃이다. 한낮에 청초하게 피었다가 구름이 드리우거나 저녁이면 꽃잎을 다무는 가녀린 꽃이지만 외유내강의 힘을 가진 약초다. 흰여름과 엄동설한을 땅속에 묻혔다가 억센 마른 띠풀 속을 헤치고서 꽃을 잘도 피워냈다. 어쩐지 마음을 끌더니 막냇사위 김 서방을 만나보고 싶어 묘지 앞에서 어머니의 혼령으로 피어난 모양이다.

끈적이는 눈을 껌벅거리며 꽃송이를 들여다본다. 남편이

호미를 든 채 쫓아와 내 두 손에 올려진 꽃을 쳐다보며 배시시 웃었다.

"장모님 생각나네."

이제 그 목소리마저도 동면에 든지 다섯 해가 지나간다.

**산자고 tulipa deulis**

- 분 포 지 : 전국 각지 중앙아시아 중국
- 약명별명 : 주고 노고 금등룡 노아판 까치무릇
- 효　　능 : 자양강장 강심 소염 항암보조치료(유방암 전립선암) 종독 등창
- 식　　용 : 전초를 나물무침으로, 구근 비늘줄기를 구워 먹거나 탕으로 장아찌 샐러드

# 사위질빵

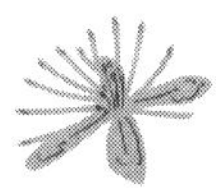

**이웃이** 된 지도 오래다. 이놈들은 넓은 들이나 길가에, 둔덕 나무 울타리 바위 할 것 없이 아무거나 붙잡고 자유로이 번져간다. 이 넝쿨은 줄기와 잎새를 무기로 이리저리 뻗어나가는 끈기 있고 악착같은 내공을 지녔다.

어쩌다 이곳 집 앞에까지 와서 살고 있다. 몸체를 넓게 드러내고 버젓이 살지는 못하지만 언제나 그 자리에서 나와 눈맞춤을 하며 지낸다. 일 년에 몇 미터씩 가느다란 줄기를 뻗어내는 힘이 어디서 나오는지 가히 놀랍다.

예쁘게 가다듬은 세 개의 잎이 줄기 마디에 얼굴을 비비대며 잎자루를 덩굴손처럼 뻗어 주변의 나무를 타고 오른다. 그들의 생명력을 과시하는 왕성한 성장을 누가 하찮고 연약하다 말하랴. 개화기에는 우아한 상앗빛 꽃으로 향기를 내뿜으며 무리 지어 피어난다. 가상하기 그지없다.

칠월에서 구월 사이 큰 나무를 무색하게 우듬지까지 기어올라 기백, 기천 송이의 꽃으로 허옇게 덮고 있을 땐 누가 주인이고 누가 객인 줄 모를 정도다. 방사상으로 뻗어난 하얀 꽃술은 후일의 종족을 위한 지략이 숨어 있다. 가을엔 씨앗 끝에 깃털을 매달고 종자 번식을 위해 멀리멀리 날려 보내고는 한 해를 마무리한다.

이놈은 사위질빵이란 별난 이름을 가졌다. 질빵풀이라는 별칭도 있긴 하다. 질빵은 짐을 묶거나 다른 도구에 묶어 메어 짊어지는 끈을 말한다. 농사일에만 의존하고 살던 옛 민초들이 들풀에게 예지 있는 이름을 불러주는 발상을 생각하면 자연과 인간의 정을 품은 속내가 곱기만 하다.

장모의 사랑을 사위에게 전해주는 사위질빵에 대한 정겨운 옛이야기가 전설처럼 전해져 온다. 농번기가 오면 사위까지 농사일을 도우려 처갓집에 찾아온다. 땀 흘리며 일하는 것을 안쓰럽게 여긴 장모가 묘안을 내었겠다. 장인이 보이지 않는 곳에서 넝쿨 줄기로 질빵을 만들어 주었다. 여러 겹으로 만든 것이지만 쉽게 끊어지는 줄 뻔히 아는 장모의 지혜였을 것이다. 무거운 짐의 무게에 연약한 줄기가 끊어질 때마다 이참 저참 쉬어가면서 일하도록 사위를 향한 배려가 담긴 장모 사랑의 이야기다.

함께 일하는 일꾼들이 이를 질투하여 그 사위를 다시 보게 될 때마다 사위질빵이라 불렀다고 한다. 사위질빵을 향한 일꾼들의 수군거림을 빗대어 이 야생초에게 '비웃음'이란 꽃말을 붙여놓았다. 잎새를 보거나 꽃을 보거나 향기를 느낄 때 어느 것 하나 밉상은 아닐진대 이 정겨운 사위질빵에게 얄궂은 꽃말을 안겨주다니. 아무래도 개운치가 않음을 어찌하랴.

꽃말은 그렇지만 눈꽃처럼 모여 핀 꽃과 향이 좋아서 뭇사람들의 사랑을 받기에 충분하다. 이제는 정원 담장을 장식하는 관상용으로 위상이 높아지게 되었다. 거기에다 여러 가지 약효까지 좋아서 관심을 이끈다. 이곳저곳 휘감고 뻗치어 살아가지만 알고 보면 쓰임새 많은 약초로 인정받고 있다. 이웃 식물들을 좀 괴롭혔기로서니 대수로운 일이겠냐, 필요한 약초라 불러주어야 하리.

항문에 탈이 생겼을 때는 전초를 말려 태워서 연기를 쏘이는 훈증제로도 쓰이고, 장 탈이 났을 때, 급체나 토사에, 부종이 있을 때 소변불통 이뇨에 효력을 보이는 신통방통 다양한 민간약으로 쓰였다. 관심을 끄는 것은 전초를 삶아서 염료로도 쓰이는 매력을 지닌 것이다. 자연이 주는 선물을 어찌 그냥 놓칠쏘냐. 무엇보다 꽃은 스팀에 살짝만 김을 쏘였다가 그늘에 말려 꽃차로 마시면 그 맛이 달고 온화하고 향긋해서 그만이다. 나는 여러 낙엽성 활엽 넝쿨식물 중에서도 이 사위질빵에게 별 세 개 반의 평점을 준다.

우리 주변에 흔히 널려 있는 것일수록 존재를 무시하고 산다. 들풀들의 진가를 인정해주어야 하리. 그들이 있어 산과 들이 풍요로워지고 우리는 그들과 더불어 살아가는 이유를 알게 되므로.

**사위질빵 clematis apiifolia**

- 분 포 지 : 전국 각지 일본 중국
- 약명별명 : 뿌리-백근초. 줄기-여위 산목통 수레나물
- 효 능 : 진통소염 관절염 항염 피부염 편두통 류마치스 통풍 항균 대변자리 부종 이뇨 치질 훈증제
- 식 용 : 여린잎-나물 묵나물 꽃-꽃차
- 쓰 임 새 : 염료

# 팔손이

**창밖을** 내다본다. 건축 중인 Y아파트는 나날이 높이 오르고 공룡처럼 무섭게 부라리며 다가온다. 타워크레인은 할 일이 더 남았는지 꼭대기에서 아직도 위용을 펼치고 섰다. 멀리 트인 시야를 가로막으니 은은히 들려오던 시하철 바퀴 소리마저 들리지 않는다.

정들었던 곳. 마음속에 담아두고 떠나야 하리. 차고 위에서는 팔 벌리고 환영해 주던 팔손이 하얀 꽃이 십일월의 서늘해진 뜨락을 밝혀주고 의연한 향나무가 곧 떠나갈 이 마음을 다

독여준다. 언제까지나 품고 살 수만은 없는 것.

삼십 년 넘도록 정든 집에 살 때는 자족하였다. 노년에 한계를 느끼며 이러저러한 구실을 만들어 고향을 떠나듯 이별해야 할 날을 맞는다. 이미 결정하고 진행이 된 마당에 왜 자꾸 놓지 못하고 붙들려 하는지.

'낮추어라, 내려놓아라, 비워라.'를 채근담으로 새기며 살려고 애쓴다. 법정은 무엇에든 무소유를 설파했지만 그건 소유를 초월할 수 있는 수도승에게나 가능한 일이 아닐까. 성인군자도 아니고 쉽사리 그리할 수 없는 게 솔직한 마음이며 반론이다. 그분은 소유하지 않은 '텅 빈 충만'으로 자유를 찾는다고 했다. 초연한 마음 자세로 말할 수 있는 자가 몇이나 될까.

얽매임과 집착이 아닌 생활인으로서 최소한의 소유는 당연한 행위이자 필요조건이 될 터이다. 단출해진 가족도 의식주를 도와주는 기본 도구와 물품들을 갖추어야 살아갈 수 있으므로. 어떤 집착은 그것을 향한 사랑이며 본능이다. 그것마저 '가진다.'라고 고집한다면 할 말을 잃는다. 안정된 정서 속에서 좋아하는 것을 찾는 일은 선한 본능이 시켜서 하는 것. 소유라는 틀에 가두지 않아야 하리.

철 따라 피고 지는 화초들과 만리향, 종려나무, 오죽과 거봉, 석류나무와 무화과, 앵도와 감나무들, 직박구리 곤줄박이, 뱁새 참새 까치, 재롱둥이 강아지 사월이도. 땅벌레들마저도 모두 말문을 닫았다. 이전까지 이 애들은 내가 거느린 가족이자 식구였다. 이제 헤어질 때가 되었다고 그간 고마웠다고 눈시울로 작별 인사를 나눈다. 구석구석 손길이 닿았던 것들과 태연하게 헤어진다는 일은 수행이자 속앓이였다.

떠날 때는 마당과 집안은 깨끗하게 치우고 뒤끝 없게 예를 갖추어 마무리해야 한다. 당연하다. 비움으로써 개운한 게 아니고 비움으로써 커다란 구멍이 생겼으니 어찌하랴. 그곳에서 바람이 일고 웅웅거리는 소리가 그치지 않는다. 무슨 소리일까. 어떻게 법정처럼 텅 빈 충만을 느낄 수가 있단 말인가. 그건 억지다. 고집스러운 소리다. 도무지 괜찮지 않고 아무렇지도 시원스럽지도 않다. 그 무엇이 채워지지 않는 불안 같은 것이 이명처럼 울려온다.

내려놓고 낮추고 비운다고 한 마음가짐은 헛소리였는가. 집은 소유하는 개념이 아니라 거주하는 것. 편리한 곳에 가서 간편하게 살려고 택한 일인데 이 무슨 변심인가. 앙탈을 부릴 수도 되물릴 수도 없는 일인 줄 알면서도 애가 쓰인다.

무릎 허리 어깻죽지가 쑤시고 아파서 결심한 일이니 몸을 풀고 편하면 될 일인데 가슴은 왜 아파 오는가.

무성하게 웃자라는 잡초를 보고 주저앉아서 손톱 밑은 검은 반달, 고운 손은 갈퀴 되어 귀한 생명 가차 없이 뽑던 그 일을 다시 해도 좋단 말인가. 힘들다 할 땐 언제이고 아직도 감당하겠는가. 나이를 초월할 수 없어 '주제를 파악하라.' 했던 스스로의 타이름에 의기소침해진다. 분별없이 소유한다는 것이 나로부터 얽매이는 것일까. 집착에서부터 자유로워져야 한다고, 소유에서 자유로워야 한다고 되뇌며 입을 다문다.

팔손이 늘푸른잎은 오늘도 변함없이 하얀 방울꽃을 터트리고 넓은 손을 설레설레 흔들어댄다. 방울을 둘러싼 작디작은 꽃들도 향기를 내뿜으며 밝은 앞날을 약속해 준다. 그래 고맙다, 고마워. 팔손이야~

*** 팔손이 fatsia japonica**

- 분 포 지 : 경남 전남 남해안 섬 제주도 대만 일본 아열대지방
- 약명별명 : 팔각금반 팔수목 금강찬 팔금반
- 효　　능 : 뉴마티스 관절염 통풍 동통 가래 기침 진해
- 독　　성 : 약간의 독성 있어 장복은 금함
- 쓰 임 새 : 공기정화 새집들이 증후군

# 왕고들빼기

**더불어** 사는 산야초라 여기면 될 터이다. 아무 데서나 자라는 잡스러운 풀이라 취급해도 그들은 아랑곳하지 않는다. 대부분 사람은 원하지 않는 곳에서 자란다 하여 잡초라 경시하고 쓸데없는 풀쯤으로 생각한다.

우리는 식물 이름을 얼마나, 그리고 몇 개나 알고 있을까. 모르는 야생초 중에 약초로 쓰임 받고 구황식물이 되어주었던 것이 부지기수다. '이건 먹을 수 있고 저건 먹으면 안 된다.'라며 시중의 식용식물과 경계를 두며 산지가 오래다.

대체 그 이론은 어디에서부터 나온 것인가. 지구의 식물 종은 약 삼십오만 종에 이른다고 한다. 인류가 식용으로 재배하는 식물은 삼천여 종인데 그 외의 풀을 인간들은 잡초라 부른다.

만물의 영장이라 부르는 인류보다도, 갖가지 양상으로 산야를 아우르고 사는 그들의 세상이 더 광활하고 역량이 있음에 이의는 없으리라. 잡초와 약초에 관심을 가지게 된 후 내게는 거의 다 먹을거리이고 약초로 보인다. 봄이 되면 먹을 들풀이 여기저기 돋아나서 내 눈과 입은 마냥 즐겁다. 기회가 오면 종종 저장용으로 한 보따리씩 채집을 해오기도 한다. 여름 이후 어느 때나 먹을 수 있게 냉동실에 두었다가 생경스럽게 꺼내 먹는 재미도 쏠쏠하다.

두루 이로운 들풀은 가깝게 이웃하니 우리의 건강을 지켜주려고 태어났나 싶다. 산야나 언덕, 둔치, 어느 곳에나 구별없이 얼굴을 내민다. 내가 좋아하는 것 중에 왕고들빼기는 제일 우선순위에 두는 야생초이다. 얼마나 생명력이 강한지 잎새를 뜯어내어도 일주일 후쯤에는 움싹이 이내 돋아난다. 저희들도 종자 이식을 하려면 부지런히 몸체도 키우고 씨앗을 맺기에 바쁠 터이다. 늦여름이면 연노랑빛 작고 귀여운 꽃이 또 반겨준다. 왕고들빼기는 미네랄과 비타민 플라보노이드가 많이 들어 있어 시금치보다 월등히 영양 면에서도 좋다. 제발 시중에서 파는 것만 유일한 식용 야채라는 고정된 관념을 버리고 들풀에도 애정을 가지면 좋을 것인데.

이 왕고들빼기는 고들빼기에 임금 왕王 자를 앞세워 불린다. 세가 왕성한 것을 뜻하는 만인을 위하는 으뜸가는 존재, 민초들을 위하는 우두머리 야채. 초식동물의 먹이로도 크게 이로운 식용식물이란 뜻이겠다. 보기 드물게 일곱 가닥으로 갈라진 잎새가 꼿꼿하고 당당하다. 잎줄기마다 칠지도七支刀가 달려 있다. 근초고왕 태자가 제후국인 일본에 하사했다던 그 칠지도 말이다. 이소노카미 신사에 국보로 정해놓고 신줏단지 모시듯 하는 백제 유물인 그 칠지도. 느닷없이 불러온 추측에 엉뚱한 발상이라 핀잔을 주겠지만 누가 알랴. 유래에 대한 이야기는 접어두고라도 칼을 제작한 장인은 아마도 주변에 있던 왕고들빼기 잎새를 눈여겨보고 기발한 착상을 떠올리지 않았을까. 왕고들빼기는 옛부터 민초들을 위한 이웃이었으니.

내가 이 왕고들빼기를 알게 된 것은 순전히 바우 선생 덕분이다. ≪야생초 편지≫의 저자인 그분은 억울한 누명에 저항

하다 여러 후유증으로 만성병을 얻게 되어 고생하였다. 옥중에서 얻은 질환을 치유하고자 자연요법으로 부족한 비타민 결핍과 지병인 만성 기관지염을 고쳐보려고 야생초를 섭렵하였다. 담벼락 구석에서 발견한 왕고들빼기. 창틈으로 왕고들빼기와 눈인사를 하며 마음을 누그리던 그는 잡초를 잡초라 부르지 않고 스스로 야초野草라 불렀다. 들에 사는 풀, 듣기에도 좋은 이름이다. 나도 이제부터 잡초를 야초라 부르기로 했다.

그가 기막힌 수형 생활 중에 득음을 하듯 깨달음을 얻어 생태 공동체를 꿈꾸던 야심을 생각해본다. 들풀 사랑과 자연을 훼손하지 않고 공생하며 더불어 사는 꿈이다. 삶의 총체성을 회복하는 운동이라 주창하는 그의 곧은 의지를 자주 공감하곤 했다. "우리가 미래에 살아야 할 삶을 가져다 쓰지 말라. 정신을 차리지 않으면 자연은 더 이상 인자仁慈할 수 없다."라는 그분의 외침이었다.

자연으로 돌아가기, 지구 살리기에 일조하는 뜻이 전국으로 세계로 확산되길 바라는 마음은 그저 노심초사다. 왕고들빼기 예찬론가인 그분을 떠올리며 정겹던 옛날 엽서를 새삼스레 펼쳐본다.

'보내주신 편지와 음반, 비올라 협주곡 CD도 고맙게 잘 받았습니다.'라고 바우 선생은 엽서 끝에 깨알 같은 글씨로 추신하였다. 이름 모를 들꽃에 측백잎과 단풍잎으로 소박하게 멋을 낸 압화, 풀잎 하나에도 애정을 담았다. 담백한 생활 단면을 보여주는 순수한 자연 사랑에 존경심을 보낸다.

산과 들을 지켜주는 산야초, 왕고들빼기를 손질하며 나의 작은 들풀 사랑이 모두에게 전파되길 염원한다.

**왕고들빼기 lactuca indica**

- 분 포 지 : 지구온난화로 전역에 분포 남부중국 일본 대만 동남아
- 약명별명 : 백룡두 고개채 약사초 활혈초 압자식 신생채 사리구 수매동 새똥 고들비 산고들빼기 이고들빼기 지리고들빼기 까치고들빼기
- 효 능 : 해열 건위 소화 진정 해독 소염 염증 청혈 종기 항산화 항염증 고지혈증 보양
- 식 용 : 뿌리와 잎새는 영양 저장고 사포닌 함유, 겉절이 샐러드 김지 볶음 녹즙 나물

# 붉노랑상사화

**이들에겐** 마음을 끄는 은근함이 있다. 고결하면서도 우아한 자태의 페이퍼 화이트, 주황, 분홍, 붉노랑. 내가 존경하던 타샤가 진즉 이들을 알게 되었다면 순결한 사랑의 전설과 매력에 빠져 그녀도 거듭거듭 감동을 하였으리라.

어릴 적 우물 가까이에 살던 늙은 살구나무. 해마다 봄이 오면 살구나무 그늘 아래에서 상사화 구근이 푸른 잎을 들어 올렸다. 푸름을 자랑하던 잎새들은 다른 잎과는 거꾸로 오월이 지나면 사그라지고 마른 잎만 흔적을 남긴다.

처서가 다가오면 거듭 태어나는 생명, 기린처럼 목을 길게 늘이고 서서 아쉬움을 떨쳐낸 고백을 하고 있는 듯하다. 상사화의 몸짓은 고요와 인내 속에 성스러움으로 탈바꿈하였다. 상사화는 왜 그처럼 안거를 따라서 하는지 지금도 내막을 알 길이 없다. 조금만 참고 기다리면 가신 어머니가 곧 돌아오실 것만 같은 꽃. 내 어머니가 그리 좋아하셨던 붉노랑상사화는 가녀리면서도 강단이 있는 어머니의 성정을 닮았다. 따뜻하고 때론 매웠던 분이시다. 섬유근육통과 류마티스로 늘 누워만 사셨던 내 유년 시절의 어머니. 내 옛집 뜨락에서도 한여름을 맞이할 때면 상서로운 꽃 속에서 어머니를 모셔오듯 해마다 뵙곤 했는데 어찌하랴. 꽃말 그대로 영원히 이별한 지도 수십 년. 그저 먼 환영으로만 남아있다.

개암사 숲속 외진 곳에 숨은 이야기들을 감추고 살아가는 부족처럼 붉노랑상사화가 모여 산다. 숲 그늘에 꽃잎이 벙글고 은은한 향기가 주위를 감쌀 때 내 어머니를 뵙듯 빈가운 상사화를 만난다.

변산마실길 2코스에는 야산에 자생적으로 핀 붉노랑상사화가 군락을 이룬 경관이 장대하다. 황혼 무렵 석양을 바라보며 바다 바라기를 하는 무리들이 풍경 속에 하나가 되었다. 허전한 마음 달래지 못하는 이들은 이 사색의 올레길을 꼭 한 번쯤 찾아가 보면 좋으리라. 마음을 빼앗기기보다 마음을 놓고 오게 되는 차분한 마력에 취하고 만다. 주홍빛으로 물든 황혼과 붉노랑상사화가 바다를 사이에 두고 전개되는 그림을 상상해보라. 내 인생의 마지막도 이처럼 경건하고 곱게 그려보고 싶다는 기도를 나도 모르게 하게 된다.

석산이라고 불리는 꽃무릇은 상사화 종류 중에서도 붉은색을 지녀 쉽게 구별할 수 있다. 애끓는 상사병을 앓다 죽어 간 전설 속 젊은 스님의 넋처럼 이 꽃무릇도 이내 하안거에 들어간다. 난을 닮은 푸른 잎이 겨우내 싱싱하게 자라다가 상사화 따라 하안거를 거친다. 지난한 염천의 목마름을 이겨내며 땅속 깊은 곳에서 석 달 열흘 안거를 치른 후, 담금질이 끝나는 즈음 수행이 끝나고 탈바꿈한 상사화는 마른 땅에 잎도 없이 기다란 꽃대를 올린다. 못다 한 이야기들이 붉은 꽃으로 환생한 꽃무릇, 상사화와는 달리 한 달쯤 늦게 불타오르는 정염인 양 화려한 화관을 쓰고 초가을을 실어 온다. 구월이 오면 몇몇 산사 숲속에서는 만개한 꽃무릇 무리들의 축제가 열린다. 왠지 이곳의 붉은 꽃은 보는 이마다 흥분을 감추지 못한다. 애틋한 전설 때문인가.

유난히 절 부근에는 왜 꽃무릇이 많이 보일까. 예전에 큰 사찰에서는 구근 속의 전분을 뽑아내어 탱화나 귀중한 서화류, 고승들의 영정 등을 오래 보존할 수 있는 재료로 용이하게 쓰였다 한다. 요즘의 코팅하는 효과와 방부 효과를 꽃무릇 뿌리에서 얻어 내어 천연재료로 이용한 것이다. 옛사람들이 지혜에 놀랍기만 하다.

상사화는 열매 속의 씨앗 대신 튼실한 알뿌리를 지녔다. 비늘줄기를 나누고 싹을 틔워서 개체를 번식한다. 꽃은 수분을 못 하고 잎새와 꽃은 따로 피고 져서 슬프고 아름다운 전설마저 낳았다. 참으로 신비로운 조화다.

다양한 이름을 지닌 상사화. 그중에서도 한국 특산종인 붉노랑상사화는 멸종위기에 있어 희귀종으로 보호를 받는다. 귀히 여기며 사랑해야 하리.

**상사화 urrection lily**

- 분 포 지 : 한국 중 남부지방
- 약명별명 : 개가재무릇 이별초 피안화 백양초 개난초 녹총 등
- 효　　능 : 주로 호흡기에 기관지염 각혈 담 폐결핵 해열 백일해 내복엔 비늘줄기를 말려서 쓰고 종독 피부 질환에는 생것을 짓찧어 바르기도 한다
- 독　　성 : 약효를 얻은 후 중지하면 탈은 없다
- 쓰 임 새 : 탱화나 불화 서화류의 방부제

# 서리태

**진즉** 전화라도 한 통 해주었으면 좋았을 일이다. 목소리 한 번 들려주었으면 좋았을 일이다. 먼저 전화하는 것이 무에 그리 주저할 일이던가. 그런 행위가 옳을까 어떨까 재다가 슬슬 잊고 말았다.

점점 기억에서 흐려 잊어진 사람도 있고 문득 심연에서 한 번쯤 깨어나 기억되는 사람도 있다. 그가 그랬다. 몇 년에 한 번씩 뜬금없이 전화가 와서 머뭇하다가 받은 일이 상기된다. 그럴 때마다 '전화해도 돼?'라고 양해를 얻은 뒤 그는 내 소식을 묻곤 했다.

대부분 첫사랑 이야기 하나쯤은 지니고 옛 시절을 회상하며 미소 짓는다. 그것이 아쉽거나 행복했거나를 떠나서 늙어질 때까지 기억 속에 잠재하고 있다. 그 악동惡童은 국민학교를 졸업할 때까지 한 교실에서 공부하고 놀던 한반 아이였다. 그는 나를 무척이나 괴롭히며 희희낙락하였다. 머리끝을 만지거나 치마를 잡아당기거나 내가 타고 있는 시소를 건드리거나 해서 울상을 짓게 하고는 되돌아보며 도망치곤 했던 아이다. 대학 시절 잠깐 보았을 뿐 그 후 각자 다른 곳에서 서로 다른 인생을 살다가 나름의 세월을 엮으며 늙어갔다.

이순耳順이 한참 지난 즈음, 도무지 알 수 없는 택배가 현관에 도착했다. 갓 씻어낸 듯한 속청이라 부르는 서리태콩과 말쑥한 팥이 겨우내 먹고도 남을 양을 모호한 발신인 이름으로 보내왔다. 주소랑 전화번호를 어찌 알아냈을까. 뇌졸중을 앓고 건강을 추스르며 서튜 농사를 지어보았다는 얘기부터 시작한 편지도 함께 들어 있었다. 첫 수확을 제일 먼저 내게 보낸다는 마음도 전해주었다. 반질반질 윤나는 검은콩 하나하나마다 천진한 홀로사랑을 담아둔 것인가. 붉은 팥 한 알마다 놋다 한 이야기를 넣어 둔 것인가.

밥에 넣을 콩이 떨어져서 조만간 시장에 가야지 하고 벼르고 있던 중이었는데 어찌 짐작을 했을꼬. 고맙기도 했지만 기특한 그의 성의에 내 속내를 감춘다. 삼세번을 늦가을이 다가올 때마다 착실히 선물로 보내주었다. 그 후부터 하마나 올 때가 되었는데, 하고 그의 소식보다 말끔한 서리태, 서리가 내린 후 수확한다고 서리태라 하는 그 서리태콩을 기다리는 얌체 속성이 꿈틀거리곤 하였다.

그러구러 잊은 채 수년이 흘러 종심從心이 지난 어느 날 조심스러운 전화를 받았다. 그리 불편하지 않아도 요양원 생활을 하고 있다 했다. 집에서 홀로 생활하는 것보다 식생활을 쉽게 해결하고 또래 친구가 생겨 오히려 좋다는 생각을 해서란다. 홀로 생활? 연민의 기색이 말소리에 묻어나는 걸 태연한 척했지만 어찌 모르랴. 재 너머 해는 져가고 노을빛은 흐려지는데 어쩌자고 안쓰러운 마음 이는 것인가. 이제쯤 일가친척이나 허물없는 친구처럼 흔연히 대해줘도 무람없을 터이다. 종일 바쁜 일상도 아닌데 시나브로 나날은 흘렀고 기억은 또다시 멀어져갔다.

몇몇 달이 지난 후, 낯선 문자를 받았다. 전혀 생각지 못한 스마트폰 속의 부고엔 딸 셋, 사위 셋, 외손들의 이름이 적혀 있다.

아마도 요양 생활이 제법 오래된 듯싶어 뭔가 측은지심을 불러온다. 유가족이 전해 온 부고장에 어떤 의미를 두고 싶진 않다. 그의 주소록에 기록된 연고자에게 보내는 보통의 부고장이라 생각하면 그뿐이었다. 상상과 착각은 자유이다. 그런데도 가족 누군가는 고인의 마음을 추측했을 것이란 자가당착에 빠져들었다.

따뜻한 가슴을 가진 사람이 내게도 있었구나. 내 살아온 모양새가 어떻든 허전한 생은 아니란 생각, 오래도록 날 기억해주고 있었다는 착각을 어찌 해석할까. 순애보처럼 홀로 사랑을 고이 간직하던 늙은 소년을, 그 악동을 고맙게 새겨둘거나. 이제는 그가 오히려 내게 잊을 수 없는 사람으로 색인되어가고 있다. 밥을 지으며 몸에 좋은 서리태콩 한 줌씩 넣을 때마다 더욱 생각이 난다.

어찌 작은 부조금으로 대신하여 애련한 마음을 전할까. 그저 죄지은 듯 무안하다. 생로병사의 수순을 거치며 이생을 마감하는 인생사. 하늘의 이치라 받아들여야지. 머지않아 이 몸도 그 길을 걷게 되리라 싶으니 뭉클하며 눈시울이 뜨거워진다.

저세상에서 아프지 말고 편히 잘 사시게요.

**서리태(속청) glycine max**

- 분 포 지 : 한반도 전역 중국
- 약명별명 : 서목태 서안태 속청(동의보감-효도거믄콩 작은 검은콩)
- 효 능 : 단백질 보급 항산화 성인병 예방 갱년기 여성질환 예방

# 꽃범의꼬리

**언제부터**인지 모르게 이 꽃에 정이 들었다. 햇살을 조금만 더 머금으면 좁쌀만 한 씨앗들을 거두어들여도 될 터이다. 새싹이 돋아나올 때는 관심을 받지 못해도 봄기운에는 몸체를 잘도 키워나가 눈길을 끈다.

종자번식으로 쉽게 가꿀 수 있지만, 땅 밑으로 뿌리를 뻗치어가니 포기 나눔으로도 잘 번지고 적심摘心을 해주면 키 높이를 알맞게 할 수 있어 좋다. 꺾꽂이로도 증식이 되어 여러해살이 관상용치고는 야무지다. 곧 꽃이 피겠거니 싶으면 몇 날 며칠을 더 기다리라는 듯 애를 태운다.

봄을 그렇게 보내고 칠월이 가까워지면 뱀 꼬리 모양의 꽃대에서 다닥다닥 열을 지어 꽃망울을 하염없이 피워 올린다. 꽃을 차례로 벙글어 환하게 비추이는 이 들꽃이 한여름엔 다른 꽃들을 제치고 정원에 들어와 조연 노릇을 훌륭히 해낸다.

범의 꼬리를 닮았다는 모양새가 여느 꽃과는 다른 묘한 친근감을 안겨준다. 사실 범보다야 뱀의 꼬리라는 이름으로 불러주어야 더 어울리지 않을까 싶다. 씨앗을 맺고 있을 땐 방울뱀 소리가 곧 들릴 것만 같아 주춤하며 바라볼 때도 있다.

잎줄기는 볼품없는 야생초지만 개화 기간도 길고 까탈을 부리지 않아 원하는 대로 잘 커 준다. 그래서 순종을 잘하는 식물이라고 하나 보다. 나태주 시인님의 '풀꽃'처럼, 자세히 보면 예쁘다. 오래 보면 사랑스럽다. 보라, 하양 입술을 벌리고 있는 꽃잎 낱송이를 보라. 꽃범의꼬리도 당연히 그렇게 예쁘다.

한창 뜨거운 태양 빛이 내리쪼일 때면 긴꼬리제비나비와 네발나비가 용케 잘도 알고 부지런히 찾아든다. 왕벌은 텃세라도 하는 양 이리저리 오가며 떠날 줄 모른다. 박각시 요놈도 긴 대롱을 내밀고서 이 꽃 저 꽃 꿀만 빨아대기 바쁘다.

꽃범의꼬리는 아낌없이 꿀을 내어주고 이 친구들은 부지런히 수분을 해주며 흐뭇한 사랑을 나누는 마당놀이로 한철을 보낸다. 때맞추어 제비나비가 검은 드레스 차림으로 우아한 비행을 하면 귀한 손님 대하듯 나는 그만 공손해진다. 점점 개체 수가 줄어들어 멸종위기에 있다 하니 안타깝기 그지없어 어찌할거나.

꽃범의꼬리는 숲속의 피톤치드나 그린 타입도 아니고 감미롭고 신비로운 화향을 품은 것도, 사향노루가 뿜어내는 어떤 유혹을 감춘 것도 아니다. 관능적인 인동화 모양도 더더욱 아닌, 흔히 밭에서 보던 수더분한 깨꽃을 연상할 뿐이다. 유독 벌 나비들이 찾아드는 마력은 무얼까. 어떤 향기에 이끌리는 걸까. 아로마 연구가들은 이 여름 향에 별 관심을 두지 않는 것 같아서 그저 답답하다.

꽃은 그냥 꽃이 아니다. 새 생명을 잉태하기 위한 아름답고 감미로운 서곡이다. 열매 맺음의 기쁨이다. 건강한 꽃범의꼬리는 한 그루에서 수백 개의 꽃송이를 피우는 기운을 가졌다. 길을 헤매던 곤충들을 기다려주는 느긋함도 지닌다. 가만히 그 자리에서 베푸는 덕자이듯 바람과 봉접蜂蝶을 불러들여 한 해 결실을 정성스레 거두는 겸손한 농부들의 갈무리처럼 꼬리 끝까지 꽃을 피우고 씨앗을 맺는다.

공생하는 생명체들의 조화는 인류를 이끌어가는 힘이다. 어디 눈앞에 얻어지는 것만 이로우랴. 종족을 번식하기 위한 생태적 본능에 앞서 작은 곤충들을 사랑할 줄 아는 포용일 것이다. 어찌 본능을 앞세울까. 이들이 있어 인간은 자연을 노래하고 여유로워진다. 꽃범의꼬리가 있어 여름 뜨락이 풍요롭다.

**꽃범의꼬리 physysostegia virginiana**

- 분 포 지 : 북아메리카 중남미 중국 인도 국내 전국에 분포
- 약명별명 : 화방초 가용두화
- 효　　능 : 전초-항염 소염 장염 이질 잇몸 염증 이뇨 청혈 뿌리-해열 진경 소종 염증
- 식　　용 : 나물 샐러드로 식용 꽃은 그늘에 말려서 잎은 덖어서 차로 마시면 좋다
- 꽃　　말 : 청춘 젊은 날의 초상 회상.
  전해진 꽃말과 사연은 상상에 맡기는 게 좋겠다

## 제4부

# 박주가리

박주가리 / 며느리밑씻개

백화마삭줄 / 더덕 / 까마중

잔디 / 미루나무 / 메꽃

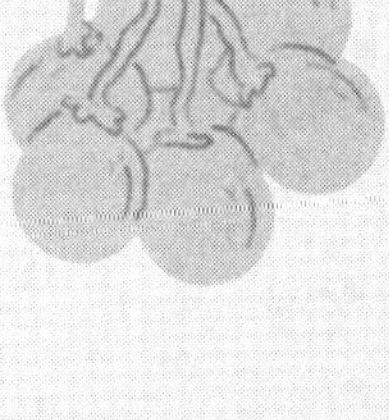

# 박주가리

**혼자라면** 얼마나 쓸쓸했으랴. 손을 맞잡은 듯 쌍을 이룬 홀씨가 내 앞에서 머뭇거린다. 차창 안으로 날아 들어온 하얀 깃털, 바람 따라오다가 길을 잘못 들었나 보다. 입김을 불어 창밖으로 날려 보낸다.

멀리멀리 날아라. 어디엔가 안락한 언덕에 닿으면 그곳에서 네 종족을 번성하여 대대손손 이어가라고 읊조린다. 꼬투리를 빠져나와 올올이 흩어지는 박주가리의 깃털이 그녀의 성긴 머릿결을 닮았다. 문득 태재고개에서 그녀를 찾아가던

길이 눈에 선하게 다가온다.

좁다란 갓길엔 씀바귀, 클로버 흰 꽃이 보이고 누군가의 텃밭과 경계를 둔 울타리엔 박주가리 넝쿨 한 그루가 세력을 넓혀가고 있었다. 허공에 줄기를 의지할 무언가를 기다리는 듯 꼿꼿이 촉수를 뻗어나간다.

한여름이면 넝쿨마다 털이 뽀송한 연보랏빛 작은 별꽃들을 오종종 드리운다. 암수 양성을 지닌 꽃들은 은은한 향기를 내뿜어 벌 나비를 유혹하고 수분하기에 바쁘다. 왕성하게 발육하기 좋은 계절, 방추형 열매들이 여기저기 얼굴을 내밀어 가을을 알리고 시월에 이르면 농익어간다. 신비할 정도로 정교하게 홀씨를 가지런히 품어 안았다. 바람이 날려 보내줄 때까지 서둘지 않고 기다린다. 봉선이 뚜렷해지고 마른 표주박을 터트릴 즈음 햇살 바람이 찾아오면, 낙하산을 편 듯 하얀 종발을 반짝이며 차례로 공중을 난다. 바람이 데려다주는 곳에 안착하려는 것이다. 태재고갯마루에 터를 잡은 박주가리도 그랬을 것이다. 다시 싹을 틔우고 꽃을 피우고 열매를 맺고 또다시 정착할 곳으로 먼 여행을 떠나고.

한눈팔지 않고 성실히 살아왔노라고 되뇌었다. 예전에 그랬듯이 열심히 노력하면 틀림없이 회생할 수 있다는 믿음과 소신으로 나날을 엮어가고 있다. 그녀가 지금은 몹쓸 병을 끌어안고 그렇게 누워 지낸다. 화학을 전공하던 학창 시절엔 음악도인 양 왼손엔 바이올린을 들고 다녔다. 그녀의 애살은 명인 신쾌동의 문하생이 되어 거문고 산조에 빠져들었고, 엉뚱하게도 미용사 노릇에까지 호기(?)를 부렸다.

별난 사랑은 그녀의 오빠를 제치고 심란한 외동아들한테 먼저 시집을 가버렸다. 연로한 시부모를 모시고 아이 셋을 기르면서 실직한 남편 대신 일곱 식구 가장 노릇을 해내었다. 그 와중에서도 장학금을 받아 가며 소원했던 음악 공부를 하고 레슨으로 생활비를 벌면서 도저히 흉내 낼 수 없는 악바리로 살아갔다. 아마도 여러 형제 중간에 끼어 자생력을 키운 덕분인가 보았다. 작은 체구에 어디서 천리마 같은 힘이 솟아났을까. 그런 환경에 닥치면 당연히 해야 되는 건지 가상하고도 별스러웠다. 언변 좋던 시모가 돌아가시고 난 후, 그녀는 가족을 데리고 국제 바이올린 교사로 초청 이민을 떠났다.

돋보이는 미모에 가는 곳마다 시선을 모았고 수입도 괜찮았던 모양이었다. 그야말로 바삐 열심히 살았다더니만 십수 년이 지나자 그도 그럴 것이, 부실해진 건강은 향수병을 불러오고야 말았나. 고생은 했지만 한때는 행복하였노라며 옛 생각을 더듬는다. 결국 귀국하고서도 일흔일곱까지 레슨을 하며 노후생활을 스스로 관리하였다. 지금은 여든셋 상노인이 되었는데도 총총한 기억은 그대로다. 행여 이러저러 못마땅한 불만이라도 풀어놓을 양이면 젊은 나이에 엄살 좀 부리지 말라고 희수를 바라보는 나를 나무랐다. 연민을 품은 것이 떳떳지 못한 일인지 아닌지 아리송할 뿐이다.

젊어선 별꽃처럼 고왔어도 쏜살같은 세월을 막을 길 없다. 이제는 박주가리 마른 넝쿨 가지에 박제된 새가 되었다. 지난날의 자산이듯 그녀의 아름 속에 가지런히 담았던 홀씨들. 먼 여행이란 박주가리의 꽃말처럼 둥지를 떠나 하나씩 하나씩 바람 따라 날려 보냈다.

**박주가리 metaplexis japonica**

- 분 포 지 : 전국 각지 일본 중국 러시아
- 약명별명 : 노아등 뇌과 비래학 라마 노괄표 박조가리 새박덩굴
- 약 효 : 자양강장 허로손상 보정익기 유즙분비촉진 유선염 해독 청폐 화담 지혈 백선 대하증 항염증 파부염증 뱀독 사마귀 제거 모발 건강
- 식 용 : 열매-옛시절 간식거리. 여린 잎새와 종자-덖어 말린 분말을 차로 음용

# 며느리밑씻개

**잡초가** 무슨 잘못인가. 얄미운 이름까지 붙여주다니. 옛 민초들은 하다못해 들풀들에게까지도 사랑과 미움을 안겨 주었다. 시어머니가 며느리를 더러 곱게 보지 않았던 사이는 그 옛날 농경시대부터 이어져 온 심리인가.

각별한 사연을 지닌 '며느리밑씻개'. 고부간의 갈등과 미움을 적나라하게 표현해 놓은 들풀 이름이 흥미롭기만 하다. 며느리와의 관계를 정보다 같은 여자로 시기한다고 여기는 역설적 표현이라 싶다. 시어머니의 심술이 숨겨져 있는 여러 옛

이야기가 오히려 유머러스하다.

사광이아재비란 강원도 이북 지방의 사투리인 본래의 이름이 있음에도 그 이름은 잘 쓰이지 않았다. 며느리밑씻개라 부르길 좋아했으니 사실과 허구가 오간 설화라 여기고 웃으며 듣는다.

오랜 옛날 그 옛날 뒷일을 보고 난 뒤 마른 잡풀로 닦아내었던 시절. 농촌에서는 뒷간(지금의 화장실) 구석에 화장지 대신 여러 가지 마른풀을 놓아두었다. 어쩌다 며느리에게 이 풀이 걸려들었다면 얼마나 따갑고 아팠을까.

밭 매던 시어머니가 살짝 뒷일을 보고 엉덩이를 닦다가 하필 가시랭이가 많은 풀잎이 걸려들어 짜증이 났다. 땀 흘려 가며 풀을 매다가 힘들기도 하던 차에 건너편에 있던 며느리를 보고 생각해낸 말일 것이다. 아님, 밭에 들어와서 눈치 없이 왕성하게 자라고 있으니 귀찮은 생각에 저절로 그런 말이 나온 것일까.

이 들풀은 맨손으로 잡아 뜯어내기엔 고통스러울 정도로 줄기에 까슬이 많이 붙어 있다. 촘촘하게 붙어 있는 잔가시가 따갑기 그지없다. 연약한 풀줄기가 자생하고 번식하기 위한 하나의 무기일 터이다. 이 덩굴풀은 들이나 밭 언저리, 둑길,

하천, 고샅길, 햇볕 좋은 곳이면 아무 데나 마다치 않고 자라는 한해살이다. 여름 개화기에는 수줍은 아가씨 볼처럼 가지 끝에 모여 핀 불그레한 꽃봉오리가 앙증맞다. 별처럼 예쁘다. 예쁘다고 함부로 만졌다간 가시에 찔려 혼쭐이 난다. 자줏빛 열매가 차츰 검은 구슬처럼 반짝이며 익어갈 무렵, 알알이 꿰어 반지도 만들고 팔찌도 만들며 늦여름을 나던 어릴 적 꼬마 모습이 눈에 선하다.

며느리밑씻개는 예전에 소중한 민간약으로 쓰였다. 전초를 말려 달여서 음부나 환부를 씻는 데 쓰이고, 치질이나 자궁하수에 훈증도 하여 치료했다. 그런 쓰임새 있는 약효로 보아 아마도 시어머니는 며느리에게 필요하다는 생각을 했을지도 모른다. 요즘 같으면 기능성 여성청결제로 여겼음직하다. 밑닦개와 밑씻개와는 완전히 쓰임이 다르다. 밑닦개는 화장지 대용으로 사용하는 것이고, 밑씻개는 약용으로 쓰는 것이다.

속 깊은 시어머니 나름의 사랑으로 풀이를 해 본다. 고부간의 갈등보다도 기다리던 아기라도 어서 빨리 낳기를 바라는 시어머니의 걱정 어린 조급한 마음의 표출이었으리라 역으로 해석해 보면 어떨까. 며느리의 고충을 배려한 약초로 쓰인 며느리밑씻개가 밑닦개란 의미로 와전되었으리라 반론 아닌 변론을 해 본다.

근래 며느리밑씻개가 창씨개명을 하였다. '가시모밀'이라는 새 이름으로. 신세대에 맞게 며느리밑씻개란 이름이 듣기에 민망하다 해서 식물학자들이 바꾸어 부르게 노력했다 한다. 얼핏 보기엔 메밀과 비슷하게 생겼다. 줄기에 작은 가시가 붙어 있어 그리 이름을 지었나 보다. 식물 이름마저도 일제의 잔재가 묻어 있었으니 며느리밑씻개가 개명한 것은 잘한 일일지도 모른다.

일제의 한자, 계자고식繼子尻拭은 의붓자식에 꽁무니 고尻 자와, 깨끗이 씻다 닦다 식拭 자가 합쳐진 합성어다. 의붓자식 뒤를 씻어주기 싫은 새 어미의 미운 마음에 얽힌 일본 민담이다. 엉뚱하게도 우리는 토속적인 문화로 이어져 시어머니가 며느리를 미워하는 심술에 빗대어 지금껏 며느리밑씻개라 불러오지 않았나. 이 들풀은 오래도록 이름이 촌스럽고 부끄럽고 잘못 지은 것이라 못마땅해 했을 것만 같다.

끝순이 딸고마니 점순이 춘득이 점야 정자 말자~. 이런 이름은 싫다고, 팔자가 안 좋다고 하여 한창 이름을 바꾸던 때가 있었다. 이제 며느리밑씻개도 일제 냄새나지 않는 '가시모밀'이라 새롭게 개명을 했으니 멋스러운 이름으로 불러주자. 옛

사람들이나 학자들은 이웃하고 사는 주변의 식물들에까지도 그냥 지나치지 않고 재치 있고 해학이 넘치는 이름을 지어주었다.

애련하고 그윽한 사연을 담아 전해져 온 꽃말이 무슨 의미를 지녔든 간에 그저 정이 넘친다.

**며느리밑씻개 persicaria senticosa**

- 분 포 지 : 전국 각지
- 약명별명 : 가시모밀 낭인 자료
- 효　　능 : 치질 예방 종기 해독 타박상 어혈 뱀에 물린 상처 습진 전초를 말려서 데려 음용 음부나 환부를 씻는 청결제 치질이나 자궁 하수에 훈증
- 식　　용 : 어린 잎과 줄기-생채 나물 샐러드에 곁들여도 새큼상큼해서 좋다

# 백화마삭줄

**잘 알지** 못했을 때 이야기다. 그 식물의 실체를 알기 전에 그런 말은 함부로 하지 말아야 한다. 외모만 보고 사람을 지레 평가하는 버릇은 삼갈 일이듯 이것의 진가를 모르고 업신여겼던 한때를 돌아본다.

넝쿨이 분별없이 마구 뻗어나갔다. 집 앞 바위틈에서 줄기를 뻗치는 이 넝쿨이 맘에 들지 않아 곧 뽑아내리라 벼르고 있었다. 별 특징도 없는 억센 풀쯤으로 보여서 하찮고 귀찮고 거기다 보기 싫기까지 하다. 차일피일 게으름을 피우는 동안 밀린 숙제마냥 자꾸만 신경이 쓰였다.

덩굴식물에 관심을 갖던 이즈음 '마삭줄'이란 낱말과 발음이 특별해서 찾아보던 중이었다. 식물 이름과 이미지를 각기 따로 알고 있어서 머리에 접목이 되지 않았던 터였다. 귀찮게만 여겼던 넝쿨이 바로 이 녀석이 아닌가. 언뜻 게 이름도 쓸모가 있다는 엉뚱한 생각이 미치자 오히려 다행이다. 아는 만큼 보인다 했지. 등잔 밑이 어둡기로서니. 무심하면 안보이고 눈을 크게 뜨고 관심을 가지면 어디서든 흔한 약초다. 주변에 지천으로 보이는 들풀은 인간을 도우려고 존재하는 생명들이 아닌가. 긴요한 약초임에랴. 관심법으로 시험해 볼 일이다.

마삭줄은 마삭麻索이란 한자명. 삼 마麻 동아줄 삭索. 즉, 삼밧줄이란 굵은 줄기 덩굴식물을 두고 부르는 이름이다. 사철 푸르거나 잎새에 여러 가지 무늬 종들이 있고 가을이면 각기 다양한 색깔의 선명한 단풍이 흥미를 이끈다. 그중 초설이라고 하는 오색마삭줄 잎새는 초록 하양 분홍 연두 붉은 다섯 가지 색을 한몸에 지녔는데 햇살의 비추임 따라 변색을 해간다. 아마도 미모를 뽐내는 감성을 지녀서 팔색조와 같이 제 몸을 아름답게 노출하여 이목을 끌려는 심산이다. 근래에는 인위적인 원예용 개량종이 경쟁하듯 다양하게 등장했다. 잎새에서 끌어당기는 묘한 힘이 창의력을 발휘하게 하는 모양이다.

눈, 비, 바람, 햇살 속에 한데 어울려 사는 순수 야생 마삭줄을 이야기하고 싶다. 넝쿨 전체가 대형으로 번식하고 개화기간이 긴 백화등. 하얀 꽃과 잎새를 찬찬히 들여다보면 알게 된다. 담쟁이처럼 석축이나 산기슭, 숲과 들에서 제 몸값을 다 하는 사철 푸른 백화마삭줄을.

이 넝쿨은 줄기에서 공중 뿌리를 내어 다른 물체에 붙어 제 집인양 자리잡고 풀뿌리를 뻗친다. 연륜이 흐른 백화등은 오뉴월이면 한 몸체에서 수천 송이 꽃을 피워 담벼락이나 언덕을 무리 지어 에워싼다. 꽃이 흐드러질 때는 마치 하얀 팔랑개비별이 수천수만 개가 모여 있는 은하 세계를 보는 듯하다. 장관이다.

차창 밖으로 스쳐 지났던 어느 시골 마을 어귀의 돌담 벽에서 본 별무리도 그랬다. 별은 스스로 빛나는 에너지. 이웃을 이롭게 하는 별들이 지상에 내려와 있는 정경은 눈이 부실 지경이다. 사람도 별처럼 이롭게 하기 위해 저리 빛을 낼 수 있는 것인지.

다산의 여신 아르테미스, 그녀가 다녀가기라도 한 것일까.

어찌 그리도 많은 꽃을 피워낼 수 있단 말인가. 산후에 몸살은 하지 않았는지. 풍요로운 다산에 놀라며 백화등에게 나는 거룩한 작명을 해주었다. 미리내의 수천만 별들이 천상에서 이곳에 와 머물 때는 이름을 은하화銀河花라 불러주겠다고 약속한다.

銀河花의 꽃향기는 백합이나 박하처럼 본색을 드러내지 않는다. 강렬한 향이 아닌 마음의 소리라도 전해주는 양 은근하다. 치자꽃과 재스민 향이 혼재된 것 같은 매혹적인 향으로 마음마저 훔쳐 간다. 늦가을이 다가오면 담벼락에 넝쿨 진 백화등의 열매가 동부콩이나 팥처럼 가늘고 긴 주머니를 달고 있다. 그 작은 꽃이 어떻게 기다란 꼬투리를 맺는지 신기하기 이를 데 없다.

때가 되면 봉선이 열리고 씨앗 달린 은빛 관모를 멀리멀리 날리며 종족을 퍼트리는 것이다. 어느 산기슭에 닿을지, 어느 정갈한 전원주택에 아치로 장식해주며 귀히 대접을 받으러 갈 것인지. 우리 집 앞 바위틈을 또다시 찾아 들는지, 찾아올 그때엔 홀대했던 미안함을 사과하며 귀한 손님으로 영접해주리라.

마삭줄 덩굴 유전자는 쓰임 받는 선한 생명, 경이로운 생명체로 제 소명을 지켜간다. 신의 조화에 그 묘수를 도무지 알 수가 없다.

**마삭줄 tranchelospermum asiaticum**

- 분 포 지 : 한국 남부 일본 중국
- 약명별명 : 백화등 낙석등 낙석. 열매- 낙석과
- 효　　능 : 줄기-중풍 마비 고혈압 해열 인후염 임파선염 어혈 통풍 좌골 신경통 골관절 염증 풋열매-신경통 강장 통경 심 간 근육경련
- 부 작 용 : 과다 복용 시 피부발적 복통 설사
- 꽃　　말 : 매혹 속삭임 하얀 웃음

# 더덕

**식탁** 위에서 이것을 만나면 제일 반갑다. 맛과 효능을 알고 있기 때문이다. 염치없이 젓가락이 자꾸 그곳으로 간다. 보신하는 기분이 되어 옆 사람을 배려할 줄도 모른다. 이 덩이뿌리는 특별한 개성을 지녔다.

본래는 이월에 먹는 제철 음식이었다. 쌉쌀하고 달보드레한 맛에다 독특한 향기까지 머금어 태음인이 아닌 내게도 안성맞춤인 이 음식이 고기보다 좋다. 자연산 토종을 자주 먹지 못하는 것도 아쉬운네나 값이 비싸서 탈이다.

귀한 것은 가치와 값이 비례하기 마련인 게다. 좀 싸게 먹을 방법은 없는 것일까. 꼭 먹지 않아도 큰일 나는 것은 아닌데 공연히 고민 아닌 미련을 가진다. 건강 상식은 자신의 몸을 위해 거의 같은 욕구를 가지기가 십상이다. 다양한 가공식품이나 음식으로 소비가 보편화되었다 하지만 이 더덕만은 예외였으면 싶을 때가 많다. 토종 더덕 요리를 흐뭇하게 먹을 수 있는 기회가 드물어지니 말이다.

예전엔 마음먹고 가는 오일 장날에나 명절 선물로 운 좋게 만날 수 있었으니 어쩌다 한 번씩 먹을 뿐, 늘 기대하기는 어려운 일이었다. 껍질을 벗긴 뽀얀 속살은 겉모양과는 달리 정결하기까지 하다. 자근자근 두드려 고추장 양념장에 재웠다가 구이로 먹을 때 그 향긋하고 오묘한 맛을 무엇과 비교하랴.

노년에 접어든 이웃 사람의 옛이야기가 이제는 민담으로 들린다. 집안에 먹을거리가 없어 산과 들에서 열매나 풀뿌리를 찾아 놀며 먹으며 춘궁기를 보냈던 추억이다. 개구리를 잡기도 하고 숲길 따라 향기를 찾아가면 더덕이 사방에 있었단다. 쉽사리 캐어다 나뭇가지 모아놓고 즉석에서 구워 먹으며 자랐노라고 한다. 육칠십 년 전에는 궁핍하게 살았어도 진짜배기 고품질 건강식품만 먹고 자란 셈이다. 오히려 넘쳐나는 풍요 속에 성인병과 각종 암을 두려워하며 무농약 농산물을 찾는 지금보다야 자연의 보살핌을 더 받고 살아왔잖은가.

보기 좋은 떡이 맛도 좋다 했는데 보기 좋기는커녕 더덕은 껍질이 거칠어 까기도 상그럽다. 끈적끈적한 액체가 손에 묻으면 비눗물에도 잘 지워지지 않았다. 그렇지만 그 껍질 안팎으로 지닌 우윳빛 진액은 어느 약보다 질 좋은 항산화, 항염 성분을 함유하고 있으니 겉만 보고 가타부타하지 않는 게 옳다. 세월을 담은 관록을 뿌리 위에서 도도록한 뇌두가 말해준다. 자연 속에 순수만을 고집하는 몸.

오랜 연륜을 지닌 야생 더덕은 산삼 못지않은 영험한 약효로 인정받으니 못생긴 것쯤이야 뭐 대수이겠나. 아무튼 나와 끈끈한 인연이 되지 못하는 이 토종에 대해 관심을 다시 가져보려 한다. 이제는 이 녀석의 생태만을 찾아 알리는 길밖에 도리가 없는 듯하다.

더덕은 산야에 자생하는 덩굴식물이다. 넝쿨이 다른 물체를 만나면 좌로 우로 까탈을 부리지 않고 자유자재로 줄기를 감아올리며 향기로운 초롱꽃을 피우는 여러해살이다. 뿌리껍질 전체에 가뭇한 줄이 가로로 둘러있는 모양새가 바다소라 껍질을 닮았다 해서 '산해라山海螺'라고 부르는 별칭도 가졌다.

옛집 복숭아나무 옆에 더덕 한 그루가 유유자적하게 자라고 있었다. 누가 괴롭히거나 뽑지 않으니 한참을 그렇게 살았다. 그땐 꽃을 보기 위한 목적이었기 때문에 더덕무침으로 먹고자 욕심을 내지 않았다. 살기 편한 아파트 유혹으로 무엇에 쫓기듯 여차저차 정든 집을 떠나오면서 아까운 더덕 생각을 잊고 말았다. 정원에 두어도 여느 꽃 못지않은 고운 빛과 향취를 지닌 이 숙근 식물을.

못나 보이던 더덕이 여러 효능으로 연례행사 축제를 자리매김하고 지방 고유 브랜드 술로 신변이 업그레이드되기도 하였다. 더덕은 여러 무기질과 사포닌, 비타민이 많은 탓에 다양한 효능을 두루 가진 약초로 유용하게 쓰인다.

한방에서는 인삼人蔘 사삼沙蔘 현삼玄蔘 고삼苦蔘 단삼丹蔘을 오삼五蔘이라 해서 중요한 약재로 상비해 두고 있다. 그 다섯 가지 삼 중에 하나, 떡하니 자리하고 있는 사삼이 바로 이 더덕을 지칭하는 것이다. 그러니 약용에 앞서 쉽게 식탁에 올려 건강을 돕는 일꾼이 되면 얼마나 좋으랴. 어디 심산유곡의 토종과 비교할 수 있으랴만 재배종이라도 자주 먹는다면 호사라 여기겠다. 선입견이라는 게 야릇해서 자연산 더덕은 귀물로만 여겨지니 못 말리는 편견이 아닌가.

자급자족하는 길은 없을까 골똘히 생각해 본 일이 있다. 그러려면 손바닥만 한 땅이라도 있어야 하고 동력이 필요하다. 이 부실한 허릿심으로 심고 가꾸고 거두고 해야 하는 노동력을 어찌 감당할 것인가. 부질없는 탐심은 나를 또 나무란다.

꿩 대신 닭이라고 내 일터 옆 재래시장에서 잘 손질해 놓은 뽀얀 더덕을 만났다. 옛날 어머니 손맛을 더듬어 따라 해 보았으나 시절을 타는지 재료가 달라선지 솜씨가 젬병인지 제맛을 내지 못해 연장만 탓하고 만다. 재배종과 자연산 토종, 이름부터 달라서인가. 갈 수 없는 고향처럼 그 아련한 맛을 곁에 둘 수가 없어 애석하다.

**더덕 codonopsis lanceolata**

- 분 포 지 : 전국 각지 일본 만주 중국 등 아시아 지역
- 약 명 : 사삼 사엽삼 대두삼 산해라 양유근
- 효 능 : 강장 피로회복 보양보음 청폐해독 기침 가래 천식(가슴 동통을 동반한) 고혈압 콜레스테롤 수치 조절 항염증 항산화 가려움증
- 시 용 : 구이 볶음 무침나물 물고기 장아찌 식혜 술 껍질은 건조하여 차로 음복

# 까마중

**탐스럽**지도 않다. 잎새에 가려 눈에 잘 뜨이지 않는 여우콩만 한 까만 알맹이. 늦여름이면 집안에 여러 먹을거리를 놔두고도 달곰쌉쌀한 이 맛. 유별났던 어린 시절 새롭게 익어간 열매를 찾아 따먹는 그 재미가 어느 놀이보다도 마음을 끌었다.

어제는 푸르렀던 게 하룻밤 사이 검은 구슬이 되어 있었다. 송알송알 맺어서 익어간 열매가 기다리고 있을 때마다 친구를 보듯 반가웠던 까마중. 까마중은 시골에서 자랐던 아이들에게 심심풀이 간식거리로 눈에 익숙한 야생초 열매다.

집주변이나 풀숲에서 여름이면 밤하늘의 아기별 같은 하얀 꽃들이 수줍은 듯 얼굴을 내민다. 팔월 하순쯤 시작해 초가을까지 작고 야무진 열매가 다투어 익어간다.

까마중은 '아 그렇구나.' 하고 새롭게 인식할 정도로 약효가 많다. 건강식품에 과민해진 연로한 사람들에게 반가운 알림이 되어 새삼 지난날을 돌이켜본다. 어렸을 적 입술이 퍼렇도록 먹던 쪼그만 까마중이 두루두루 건강을 도와준 이 들풀이었다니 더욱 친근해질 수밖에. 옛사람들은 과학적 증명 없이도 이로운 식물을 잘도 찾아내어 몸을 챙기는 지혜가 있었다. 그러다 보니 왕까마중이라 불리는 외래종까지 와서 소득을 올리는 중이란다. 우리 토종 까마중에게 '굴러들어온 돌' 시늉을 하고 있다. 어쩌랴, 몸에 좋다는 걸. 건강을 지켜준 파수꾼인 주변의 야생초 베리 종류에게도 애정을 가지고 들여다볼 일이다.

머리에 서리가 하얗게 얹혀 있어도 때만 되면 이 작은 열매 속의 옛이야기들이 아련하게 그려진다. 어떻게 씨앗이 찾아왔는지 늦여름이면 마당 한구석에서 알알이 농익어갔다. 주렁주렁 맺힌 까마중을 한 웅큼씩 입속에 넣기 바쁘다. 그루터기 옆에서 머리를 갸웃하며 나를 올려다보던 사월이. 까마중을 닮은 검은 눈망울을 이날까지도 잊을 수 없어 가슴에 새겨두고 산다.

사월이는 그해 사월 말 우리와 한 가족이 되었다. 어찌 된 일인지 사람이 보는 앞에서는 밥을 먹지 않고 아무도 보지 않을 때만 허겁지겁 먹고는 했다. 가까이하려 들지도 않고 항상 겁에 질려 있는 눈빛으로 숨어 있기 일쑤였다. 그 어린 것이 머지않아 오일장으로 팔려나갈 큰 개들과 한 우리에서 치여 살았다고 하더니만.

다정스레 불러보고 맛 좋은 것을 대령하여도 당최 쉽게 친해지기가 않았다. 두어 달이 지나 지성이 통하였는지 차츰 마음을 열어갔다. 스스럼없이 내 뒤를 졸졸 따랐다. 까마중이 익어갈 무렵엔 옆에서 잎새를 입에 물고 흔들며 제법 장난기를 부리고 귀염을 떨었다. 딴에는 이제 안심이 되는 친한 가족이라 여겼을지도 모른다.

노후에 큰 집을 관리하기가 버거워진 우리넨 고심 끝에 아파트로 이사하기까지 수년의 결심이 필요했다. 편리보다 비둘기 집 같다는 고정관념을 버리기 어려웠다 할까. 불현듯 다가온 이사는 새로움으로 부풀기보다 담담하게 받아들이는 심정이었다. 낌새를 알고 있었을 사월이에게 불안과 슬픔을 안겨준 건 순전히 내 탓이다.

그해 섣달, 집을 떠나기 전에 사월이를 설집사님 댁으로 보내기로 약속이 되어 있었다. 떠날 시간이 지나도 그분은 오지 않았다. 좀 늦어지겠으니 나무 곁에 묶어두면 데려가겠다는 전화가 왔다. 이삿짐을 따라 떠나야 할 형편이 된 우린 초조해지기 시작하였다.

진즉 며칠 전에 보내어 새로운 집에서도 정붙이고 살게 하면 좋았을 터인데 바빴다는 핑계는 변명이 못되었다. 집을 나서야 하는 우리와 홀로 남겨져야 하는 그 애. 또다시 기억되는 공포와 슬픔으로 젖어 있는 사월이의 표정을 읽었음에도 애가 쓰인 채로 집을 떠나오고야 말았다. 어찌 그리 단호하게 이별했는지 가슴이 구차스럽게 아려왔다.

적적해서 데려오고 함께 살 수 없는 사정이 되었다 하여 일방적으로 작별하고 말았다. 정은 왜 들여놓고서 말 못하는 짐승에게 죄를 짓는가. 빈집에 홀로 남겨두고 떠나버린 가책의 순간은 세월이 가도 잊히지 않는 아픔으로 남아 있다. 그렇게 헤어지고 난 후 그 눈동자가 떠올라 두고두고 잊질 못한다. 잔디밭을 마음껏 뒹굴다가 뛰어와 안기던 사월이. 이슬에 젖은 사월이의 눈빛을 떠올리며 가만히 이름을 불러본다.

사월아~~ 사월이의 얼굴이 다가온다.

올해도 알알이 익어간 검은 보석 까마중이 날 기다린다.

**까마중 Sunberry Black nightshade**

◦ 분 포 지 : 마을 집주변 밭두렁 길가 우리나라 전국 일본 중국
◦ 약명별명 : 용안초 혹성성 용규 동규 곡규 야가자 먹때깔 까마중이 깜두라지 강태 땡깔 개꽈리
◦ 효 능 : 항산화 항염 이뇨 원기회복 만성기관지염 기침 가래 불면증 눈 건강 항암 예방. 줄기 -치질에 훈증 항문 세척 다른 베리류보다 항산화 효과가 수십 배 높아 새롭게 인식
◦ 식 용 : 여린 잎은 나물 국. 전초- 그늘에 말린 것을 가루 내어 차로

# 잔디

**잡초가** 풀꽃을 서둘러 피웠다. 비가 자주 올 때면 춤을 추듯 하루가 다르게 윤기를 자랑하며 솟아오른다. 하지만 적어도 잔디밭 속에서 잡초는 깡그리 뽑혀버리는 신세로 전락하고 만다.

모처럼 잔디밭 속의 풀 뽑기 대회를 열었다. 그 시절, 열 개에 십 원이면 상금치고는 적은 돈이 아니었다. 큰아이는 두어 움큼씩, 더 어린애는 몇 개씩만 뽑아 들고 와서 외할아버지께 내밀었다. 어린 손자들의 수고한 결과에 외할아버지는 약속대로 대가를 치러 주면서 놀이인양 즐거워하셨다. 십 원을 받은 꼬마, 오십 원을 받는 좀 큰 아이. 그중에도 꾀부리는 중간놈이 있었다. 일한 대가를 받아 보는 보상과 기쁨을 심어주려는 할아버지의 뜻을 아이들이 알았을지. 여름 동안에 우후죽순 솟아나는 잔디밭의 풀 뽑기는 꽤 신경 쓰이는 일과다. 지금 와서 생각하면 앞마당에 귀찮았던 그 일마저도 그립고 아릿한 정경이 되었다.

옛집에 토종잔디 씨를 파종하고 싹이 나기를 고대해도 나오지 않아 실패했구나 싶어 다시 금잔디를 이식했다. 오랜 후에서야 싹이 꾸역꾸역 나왔다. 본래 처음부터 띠를 이식하거나 모종해야 잘 자랄 수 있다는 걸 몰랐던 탓이다. 몇 해를 지내자 함께 어울리며 제법 '푸른 잔디 위로 봄바람은 불고~' 처럼 되어갔다. 동물이거나 식물이거나 곁에 두고 사는 생명들은 애정을 다하는 만큼 반응을 보인다.

잔디밭을 관리하는 일은 만만치가 않아서 적어도 일 년에 대여섯 번쯤은 깎아야 하고 손길이 가는 만큼 차분해진다. 잔디와 수목, 모든 식물은 제각기 역할이 있다. 잔디는 정원수 못지않게 존재감이 크다. 멀리서 가까이서 보는 숲은 땅 위에 들풀과 잔디의 초록빛 배경이 있어 더 밝고 평화롭게 다가

온다.

'나무를 기르고 꽃을 가꾸고 잔디를 키운다.'라는 말을 할 때 사람의 생각은 참으로 아전인수로구나 싶다. 그저 소유하는 주인의식을 버리지 못한다. 우리는 그들 식물의 보호를 받으며 살다 갈 뿐인데 동행하며 살고 있는 입장에 지배자인양 마구 꺾고 자르고 뽑고 없앤다. 만물의 영장이라 칭하며 본능처럼 무의식 속에서 그리 살아간다. 어쩌랴.

평안한 마음을 안겨주는 잔디. 그 잔디가 살아 온 역사는 상상을 초월한다. 백악기 시대에, 지금부터 일억 사오천만 년 전부터 초식공룡과 함께 살았었다 하니 신비하고 엄숙하고 질긴 생명이 아닌가. 매머드 공룡들은 사라져갔고 공존했던 잔디는 기백만 대대손손 후손을 뻗치어 버젓이 우리와 살고 있다. 까마득한 역사를 이어가며 가문을 지켜온 셈이다. 그때의 잔디 모양은 어땠을까. 아마도 지금의 보리나 벼의 키쯤 되는 잡풀로 무성하게 자랐을지도 모르겠다. 그 유전자를 껴안고 번형하면서 지금에 이르렀으리라. 지금은 꽃잔디 금잔디 천연잔디 조선잔디 사계절잔디 인조잔디 산소잔디~, 종류도 다양하게 번식이 되었다. 효용 가치를 모르는 무딘 감각으로 잔디를 밟고 다녔던 무지를 일깨운다.

휴전 후 국민학교 삼 학년 어느 날, 아침부터 선생님은 꼬마 학생들을 데리고 산으로 갔다. 야외공부를 하는가 싶어 모두 들썩이며 신이 났다. 야외공부는 아니하고 거기 언덕진 곳에 자란 잔디 씨를 훑어 포대에 담아서 미국에 보내면 우리들에게 선물이 온다 했다. 들잔디 씨가 어찌하여 선물로 오는지 아무도 궁금하거나 의심하지도 않았다. 그저 누가 많이 모았나 손바가지를 내밀며 경쟁을 하면서 포대가 채워질 때까지 재미로 잔디 씨를 열심히 훑어 담던 일이 눈에 삼삼하다.

그 후 반년쯤 지났을까. 손바닥 위에 놓일 만한 쪼그만 플라스틱 갖가지 인형들과 크레용 하나가 학교 칠판 앞턱에 줄줄이 놓아져 있었다. 바로 그 잔디 씨가 답례 선물이 되어 돌아온 것이다. 선생님 감시 아래 제비뽑기를 하였다. 하나씩 선물을 받아들고 무척 좋아하던 천진한 얼굴들. 유일한 크레용이 특별히 나에게 뽑혔던 것은 운이 좋아서였을까. 그저 신기하고 질 좋은 선물이 고마워 감격했을 뿐 숨은 속셈을 알 리는 없었다.

우리 들잔디가 어느 나라 것보다 품질이 좋다는 반증이었다. 생명력이 강해서 추위만 빼고는 환경에 잘 적응하는 한국 잔디가 그 옛날부터 한류의 시원이 되었던 셈이 아닐까. 배고픔을 면하지 못하던 빈곤 속에서 수많은 토종 종자들을, 고유한 우리 것을 보호 관리해야 한다는 관념도 배움도 없었을 때, 그들은 종자 유치에서 진즉 미래 경제를 내다본 것이다.

골프장에서 하늘 위로 그려지는 포물선은 융단을 깔아 놓은 듯 그린필드가 있어 더 아름답다. 종횡무진 뛰고 달리는 축구선수의 피로와 안전을, 클래식한 테니스의 우아한 모습도 모두 초록 잔디밭으로 받쳐주는 어우름이 있어서이겠다. 공원에서 가족과 함께 휴가를 즐기는 여유도 넓게 드리운 잔디가 품어주는 평안한 분위기가 있어 찾고 싶은 게다. 풍요를 누리는 지금은 스포츠도 관광도 정원도 다각도로 생활화되어 필수로 여기며 살지만 배경에는 공기처럼 초록 잔디가 존재하고 있는 덕분이다.

어느 해 여행 중에 피요르드 호수 옆 그리그 생가 가까운 곳에서 계단식 잔디 지붕이 있는 소박한 촌집을 보았다. 기와나 시멘트로 지은 현대식이 아닌 잔디 지붕을 얹어 지은 옛집이다. 마치 우리 초가집처럼. 예스럽고 생경스러운 운치가 눈길을 끌었다. 툰드라 기후에 적응하는 지혜를 깃들인 잔디 지붕. 겨울엔 보온이 되고 여름엔 시원한 집. 자연친화 속에 옛 풍습을 이어간 조화와 기지가 엿보인 잔디 집, 그곳은 세계적인 음악인들이 찾아와서 리허설을 하고 주기적으로 정기연주도 하는 바로 콘서트홀이었다. 신선한 충격을 주던 그 잔디 지붕이 오래도록 가슴속 풍경으로 남아 있다.

이제금 귀한 가치를 인정받는 잔디를 평온의 상징이라 불러도 설마하니 어느 누가 이의를 달지는 않겠지.

# 미루나무

## 기다림

그 나무를 한사코 미루나무라고만 믿고 있었다. 열기를 삭이며 지켜보는 나무, 그림 속의 나무 이름이 '사이프러스'라고 알기 전까지는 그리 여겼다. 밤하늘의 별빛이 아닌 태양의 광기 같기도 한 소용돌이가 검푸른 하늘을 향해 이글거렸다.

옆집에도 그런 사이프러스를 닮은 미루나무가 있었다. 사립문을 사이에 두고 우뚝 서 있는 미루나무는 옆집 사람들이 무언가를 기다리는 긴 인내를 낱낱이 지켜보는 듯했다.

무언의 저항일까. 옆집 언니네 아버지는 사이프러스 나무를 닮아 갔다. 동생 테오로부터 빌린 돈을 갚지 못하게 되면 그의 영혼을 주겠다던 고흐의 말조차도 닮아 가고 있었다. 읽어낼 책이 없어 늘 갈증을 호소하던 옆집 언니와 학식과 좋은 재주를 지녔으나 아무것도 해낼 수 없는 그 아버지의 소리 없는 한탄은 서늘한 응달 속에 묻혀 갔다. 뒤꼍의 텃밭엔 채소보다 잡초들이 더 무성했고 몇 개 되지 않는 항아리 옆에서 봉숭아 붉은 꽃잎은 나른한 외로움만 타고 있었다.

늦가을이 되어 일찍 조락해 버린 미루나무는 더 벗어 낼 것도 없는 몸체를 들어내고 바람 소리만 끌어안았다. 가지런히 정돈된 가지들은 독백이라도 하는 듯 파란 하늘을 배경으로 더욱 높이 솟아올랐다.

가끔 스산한 공기가 흐르는 옆집이 궁금하여 사립문을 살짝 열고 들여다보는 나를 내려다보던 미루나무 한 그루. 나목이 된 미루나무의 겨울나기는 눈발이 잦은 인고의 나날을 더욱 매섭게 맞이했다.

찬바람은 제집이듯 군데군데 구멍이 뚫어진 흙 담을 수시로 넘나들었고 눈 덮인 낡은 초가지붕은 절간처럼 고즈넉하였다. 옆집 가족들은 저 땅 밑에서부터 밋밋한 가지에 새싹을 틔우는 미루나무의 물오름을 지켜보며 기다렸을 것이다. 여기저기서 솟아나는 새잎들은 아기들의 웃음소리처럼 그들에게 희망을 안겨 결국 이방 지대를 도피시키듯 서울로 떠나보냈다.

육십 년 세월이 엊그제 같다. 일일생활권에서 세계를 오가며 상봉하는 시절에 그들은 어디에서 그 많은 세월을 보내는지 알 길이 없다. 녹음 짙은 유월이 오면 윤기 나는 새잎들이 행여 그들을 불러와 줄까 하여 기다려 본다.

그때의 미루나무는 흔적 없이 사라졌지만 옆집 가족들은 이 가슴속에 그리움으로 남아 있다.

## 꿈

멀리 정연하게 도열해 있는 미루나무 행렬은 도시로 가는 신작로가 거기에 있음을 알리고 있었다. 누구든 미루나무 가로수 사이로 도시 바람을 마시고 오면 입이 마르게 자랑거리를 풀어내곤 한다.

도시로 가는 관문을 통과하는 의례적인 질차나 된 것처럼 미루나무는 항상 미지를 꿈꾸게 했다. 등용문이라면 용을 써서 뛰어 볼 수나 있다. 하지만 나에겐 위리안치를 당하는 꼴이 되어 꿈을 접어야만 했다. 휴전 후 시골 고향에는 여고가 없었다.

중학 졸업이 가까워질 무렵, 마침 아버지가 고심하고 소원하던 여고를 세우게 되었다. 시골에 여성 고등교육의 개화가 온 것이다. 이전에는 여고가 없었기 때문에 교육열이 있는 집에서는 어렵사리 쌀을 팔아서라도 도시로 보내기 마련이었다. 아버지의 사명감은 요지부동이었다. 자기 자식부터 다녀야 다른 자녀들도 신설 학교에 입학하게 되리란 의지로 내 고장의 고등교육을 앞세우셨다. 나의 꿈은 무참해졌다. 아버지의 학교에 다녀야만 했다.

그분을 일러 진정 군민을 위한 독지가이며 선구자라 불러주었지만 내게는 아무 의미가 없는 얘기였다. 그런 수식어들은 도시로 향한 꿈을 잃어버린 나를 우울증으로 몰아넣기에 충분했으니까. 그 학교에 제물로 바쳐졌다며 끼니를 굶고 한동안 말을 거부하기도 했다. 입학 후 수업을 자주 빼먹는 반항아가 되어갔다.

밤마다 다른 곳으로 입양가야 겠다는 생각까지 했던 철부지. 애오라지 값진 고교 시절을 그렇게 다 지나칠 뻔하였다. 애를 태우던 중에 대학이 유일한 탈출구라는 결심이 서고 나니 동구 밖 미루나무가 비로소 눈에 바로 보였다. 방학이 오면 부지런히 서울 학원에 오가며 열중하던 그때서야 아버지를 헤아리고 꿈을 따랐다.

참으로 대책 없고 철딱서니 없던 시골 소녀가 지금은 머리에 하얗게 서리를 얹고 상노인으로 산다.

## 회상

잠시 스쳐 가는 미풍에도 몸을 팔랑거린다. 주술을 읊어대는 무당 어미의 요령처럼 정신없이 흔들어댔다. 곧게 뻗어난 미루나무 잎새 사이로 아버지의 미소 짓는 얼굴이 어른거린다.

아버지는 유난히 식후에 이를 오래 후비셨다. 풍치가 다시 도질까 봐 이 관리에 신경을 쓰시지만 이를 후비는 습관은 쉽게 고치려 하지 않았다. 거의 후볐다 싶으면 입에 물을 가득 물고 볼을 좌우로 위아래로 볼록이며 입안을 헹구어 냈다.

"막둥아~ 이쑤시개가 다 됐네."

빈 통을 흔들어 보이면 나는 재빨리 탱자나무 울타리 옆에 있는 미루나무 잔가지를 잘라 왔다. 미루나무 몸통에 함지박 만하게 붙어 있는 느타리버섯을 젖히고 잘라 온 가지. 부드러운 껍질을 벗겨내고 난 후의 연한 속살은 작은 칼로도 쉽게 다듬어 낼 수 있었다. 어린 막둥이는 솜씨를 발휘해 이쑤시개를 곧잘 만들어 내곤 하였다. 이를 후비기에 알맞은 크기와 가늘기로 만들어 빈 통에 가지런히 채워 놓으면 아버지는 으레 칭찬을 먼저 해 주신다. 그리고 용돈으로 일 원을 주셨다. 그 칭찬은 한 통 더 예비해 둘 수 있는 아버지의 근사하고도 기발한 수단이었다.

아버지가 생각해 낸 이쑤시개는 미루나무 가지가 억세지 않고 여려서 이를 상하지 않게 하는 이유만은 아니었다. 담백하면서도 입안에 오래 남아 있는 은은한 향기가 좋았기 때문이다. 물이 오른 연두색 속껍질은 손바닥으로 비벼놓은 각시풀 냄새 같기도 하고, 갓 자라 나온 찔레 줄기 향내 같기도 했다.

나도 따라 종종 이를 후비는 흉내를 내면 볼에 미운 주름이 생긴다고 극구 말리셨다. 코를 위로 찡긋하고 웃지 말라며 야단을 치기도 했으니 일찍부터 막내의 외양이 걱정스러웠던 모양이다.

입술 주위에 생긴 잔주름을 만져 보며 만류하시던 핀잔을 이제야 알아듣는다.

**미루나무 populus deltoides**

- 분 포 지 : 한국 일본 중국 북미
- 약명별명 : 미류美柳—미국의 버드나무라해서 '미류' 편의상 미루나무로 부름
- 효 능 : 잎새를 뱀에 물린 상처 치료에 씀 항염증 작용 항히스타민 작용
- 쓰 임 새 : 젓가락 도시락 상자 재료로 사용

# 메꽃

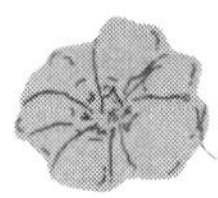

**작은** 꽃을 내 윗옷 주머니에 달아준다. "할머니. 이거 제 마음이에요. 저 생각나면 이렇게 입에 대고 부르세요. 나팔처럼 이렇게 말하세요." 하면서 반색한다. 꽃을 따면 안 된다고 가르치고 싶은 말도 잊고 말았다.

나무 아래 피어난 연분홍색 작은 꽃을 들고 달려온 다섯 살 꼬마. 순간 내 눈이 끈끈해지며 목울대에서 뜨거운 감격이 올라왔다. 어린 것이, 몇 달 전에 저희네 집에 갔을 때도 공기알을 내 손에 들려주며 "제 마음이에요. 부산 가실 때 꼭 가지고 가세요.” 하더니만.

이후부터 ‘제 마음이에요.’란 말이 귀전에서 가슴으로 들어와 박혔다. 마음 적시는 낭랑한 목소리가 살맛 나는 기쁨을 안겨주었다. 한동안 감격의 여운을 오래 간직하고 싶어서 아는 사람마다 손자의 마음 씀을 자랑하곤 하였다.

아이가 내 가슴에 꽂아준 건 다름 아닌 나팔꽃을 닮은 메꽃이었다. 메꽃은 생명력이 놀라울 정도로 강인한 여러해살이 넝쿨 초본이다. 여름 한철 도심을 벗어나면 들녘이나 척박한 풀숲에 들앉아 가녀리게 꽃을 피우는 연분홍색 메꽃. 나팔꽃을 닮았다. 바위틈에도 갓길 벼랑에도 가리지 않는다. 몸체와 접촉된다 싶으면 뿌리나 줄기로 아무거나 붙들고 뻗어나가며 자리를 넓혀간다. 같은 그루 꽃끼리는 수정하지 않고 다른 그루의 꽃과 수정해야 열매 맺는다. 그런 이유로 메꽃을 고자화鼓子化라 부르기도 한다. 열매보다 주로 뿌리줄기로 번식하는데 가꾸지 않아도 심지 않아도 잘도 자란다. 오로지 인간을 위해 창조된 생명이라. 그저 참하다고 보아 넘길 뿐일 터였다. 자세히 보면 순박한 옛날 산골 처녀와 같은 청순함이 깃들어 있다.

살림살이 어렵던 그 옛날, 민초들은 춘궁기에 송피를 먹을

거리로 삼았고 메꽃 뿌리도 밥할 때 넣어 먹기도 하였다. 이 메꽃 뿌리에 녹말이 많이 들어있는 줄을 어찌 그리 알았을까.

'메'란 제사상에 놓인 밥을 말한다. 일반 쌀로 지은 보통 밥을 메밥이라 불렀다. 달착지근한 메꽃 뿌리는 전분이 많아 밥의 양을 늘려주고 쌀과 같이 배부르게 해주는 식량이나 다름없던 것이다. 이 꽃이 누군가에 의해 메꽃이라 이름한 것은 참으로 기발한 생각이라 싶다.

지금은 메꽃의 옛이야기는 거의 모르고 산다. 고령 시대를 살아가면서 건강 상식에 대해 백과사전을 무색하게 할 만큼 다양한 앎을 자랑한다.

너무 잘 먹고 사는 덕분에 성인병을 얻을까 봐 균형 잡힌 식생활을 하려고 신경과민이 되어간다. 옛 민초들은 그저 소박한 밥상이면 족하면서 환경에 순응할 뿐이었다. 뿌리줄기는 항산화 성분이 있어 가공하지 않은 대로 섭취하여도 약효와 먹을거리로 훌륭하다. 배고픔을 면하려고 야초들을 먹던 것이 건강을 유지한 지혜가 된 셈이다.

초여름부터 한여름까지 피는 메꽃, 수줍은 산골 처녀의 속삭임을 들어 볼까나. 아침부터 저녁까지 나팔을 불고 있는 마음을 엿볼까나.

이제부터 메꽃의 꽃말을 '제 마음이에요.'라는 이미지로 고쳐 말하기로 하자.

**메꽃 calystegia japonica**

- 분 포 지 : 아시아 .중국 한국 일본 전 지역
- 약명별명 : 선화(전초말린 것) 구구앙 극자화 갯메꽃 애기메꽃 큰메꽃 선메꽃 서양메꽃
- 효　　능 : 자양 강장 보신 보익 원기 고혈압 당뇨 이뇨 방광염 소화불량 동통 소변불통 강근골 국소마 인후통
- 주　　의 : 다량 연속 먹을 땐 현기증 설사 등을 일으킬 수 있다
- 식　　용 : 무침 나물 구워먹기 볶거나 찌거나 삶아 먹음 말려 콩가루처럼 응용

## 제5부

# 이 봄에 꿈을 꾼다

이 봄에 꿈을 꾼다

땅빈대 / 환삼 / 해국

그린게릴라 / 그래도 나에게는

자하지정 / 공벌레

# 이 봄에 꿈을 꾼다

**마음** 빚을 지고 산다. 묘지 안으로 들어서자 이내 그에게 미안하고 부끄러운 옹색함이 가슴을 아프게 눌렀다. 십 달러 쯤이야 무에 그리 아깝다고. 장미 한 송이 값을 속으로 계산하며 머뭇거리는 순간 비엔나 국립공원 앞 꽃가게를 이미 지나치고 말았다.

연인에게 장미 한 송이 안겨주겠다는 설렘보다 어찌 꽃값이 비싸다는 속물근성을 먼저 앞세웠단 말인가. 그의 묘지 앞에 다가설 때 애석하고 후회막급하여 어찌할 바를 몰랐다. 변명은 궁색하기 이를 데 없을 뿐이다.

유해가 없는 그의 무덤엔 역사가나 애호가들의 여러 억측과 추측을 남기며 영원히 안타깝게 기려지고 있다. 숱한 의혹과 궁금증을 굳이 염두에 둘 일은 아니었다. 가정사와 사생활의 풍문을 생각해낼 필요는 더욱 없다. 다만 꽃 한 송이지만 그의 천상을 오르내리는 음악에 대한 경건한 내 마음을 전해주고 싶었다. 잔디 위에 누운 낙엽과 몇 개의 마른 꽃들이 슬픈 진혼곡을 울려주는 듯하다. 모차르트의 기념비를 보며 어떤 선입견이 이입되는지 잠깐 사이 측은지심이 멀미같이 북받쳐 올라왔다.

작은 숲속 공원묘지에는 진통제를 끝까지 거부하며 이승을 마지막 떠날 때까지 창작활동을 했던 천재 음악가, 내게 좋아하는 것과 사랑하는 것, 존경하는 것의 경계를 알게 해준 베토벤이 거기 있었다. 죽은 후 백 년이 넘어서야 그의 진가를 인정받았던 슈베르트도, 지순한 사랑을 끝까지 안고 살았던 브람스도, 아내 아델르와 함께 묻혀 있는 요한 스트라우스도 옆에 자리하고 있다. 방문객들은 작은 꽃으로나마 흠모와 애정을 표현하며 그들 모두의 생애와 음악을 사랑하고 우러른다. 바로크에서부터 후기 낭만파에 이르기까지 누구 할 것 없이 이 모두를 사랑한다. 그들의 순수와 아름다움을 어찌 글과 말로 담아낼 수 있을까. 공원에 모여 있는 이들 중에서도 세대를 초월하여 고전음악을 더욱 빛냈던 볼프강 아마데우스 모차르트 묘 앞에 고개 숙인다.

모차르트의 주검이 유독 행려병자처럼 구덩이에 묻혔다가 어느 틈엔가 사라진 애잔한 사연을 지녀서가 아니다. 유해 없는 빈 무덤이어서는 아닐 것이다. 그저 그에게 외곬스런 마니아가 되었던 내 어린 시절. 명쾌한 리듬이 환희에 가깝게 이어지다가도 슬픈 단조로 들려오는 악곡에 오히려 위로받던 한때는 늘 그의 영혼이 주위를 맴돌았다.

어느 곳에서나 심포니와 협주곡으로 아리아로 들려오는 그의 음악은 대중에게 기쁨과 울림을 안겨주며 속내를 파고들었다. 위로와 평안을, 때로는 멜랑콜리에 빠져드는 선율을 들으며 마음의 휴식을 얻는다. 그를 하늘에서 내려온 천재라 불렀다. 신이 우리에게 그를 보내주었다가 다시 데려갔다고도 했지만, 이 감탄의 명언은 혼자만의 표현이 아닌 그를 아끼는 모두의 말이다. 그의 음악은 우리에게 예비한 가장 고귀하고도 고마운 천상의 선물임에랴. 이백오십여 년이 흐른 현세에도 그의 영혼은 만인의 가슴 속에 불사신처럼 영원히 살아 숨

쉰다.

살아오는 순간마다 판단이 흐려 때를 놓치고 만다. 감성에 충실하지 못한 일들이 나중에는 후회로 돌아왔다. 그날의 기념비 앞에서 좀생이 같은 옹졸함으로 지금껏 아쉬움을 껴안고 산다. 마음을 녹이는 감동과 존경심을 품고 그의 음악을 즐기며 살면 그만이라는 생각만으로는 용납이 안 된다. 덕분에 평생을 마음 따뜻하게 살 수 있었음을 어찌 꽃 한 송이로 다 대변할 수 있으리.

그래도 그의 묘지 앞에 장미 한 송이 고이 바쳐드리고 왔더라면 이 나이 먹도록 마음의 부채로 남는 미안함은 없을 터이다. 그 후 멀고 먼 그곳에 찾아갈 기회는 또 오지 않았다. 오래전의 실수를 후회하며 다음에 찾아갈 때는 내 조상에게 성묘하듯 마음 다해 커다란 꽃묶음을 고이 바치리라 다짐한다.

생명이 움트는 새봄. 나는 이 봄에 매일 꿈을 꾼다. 꼭 찾아가리라. 빚을 갚을 기회는 생전에 오직 그를 다시 찾는 길 외엔 그 어느 것도 대신할 수 없으리니.

# 땅빈대

**언제부터** 여기서 살았냐. 이 근처에 일가들이 모여 산다고, 여기서? 이 시멘트 바닥에서 말이냐. 그럼, 저기 보도블록 틈새에 납작 붙어 있는 애들도 너희 친척이겠구나. 깡마른 자갈밭에서 너의 동족을 본 일이 있단다.

그 애들은 물기도 없는 자갈을 헤치고 팔을 뻗치며 잘도 자라서 신통하다 여겼지. 건조하고 척박한 환경을 좋아하는 무슨 특성이라도 가진 모양이네. 인류를 위해 하늘이 내려주신 사명을 다할 뿐이라고 말하다니. 네 신솔한 자세에 가슴이 찔리는구나.

너희들은 그저 길바닥이나 자갈밭, 빈터, 논두렁 밭두렁 마다치 않고 터를 잡고 살더라만. 좋은 환경에서 살고 싶을 텐데 참으로 용하다.

너는 왜 '땅빈대'라는 이름을 가졌냐. 고운 이름도 많건만 하필 빈대가 뭐냐 빈대가. 어느 얄궂은 식물학자가 지었나, 어느 민초가 그리 불렀나. 네 잎새가 납작 엎디어 있는 빈대 등짝을 닮았다고 그랬을까. '빈대' 하면 초가집에 살던 옛사람들은 지긋지긋하다 여기던 흡혈 해충 아니겠냐. 오죽하면 '빈대 잡으려다 초가삼간 다 태운다.'라는 속담이 생겨났겠어. 요즘 정치계에서는 독소를 암시하는 간접 화법으로 즐겨 이용하더라만. 어쨌거나 빈대는 혐오스럽고 좋지 않은 이미지임에는 틀림없다.

나도 본 일이 있어. 잔디밭 속에서도 살고 있었거든. 코딱지만한 꽃망울 하며 네 모양새가 썩 귀히 보이지 않다는 건 사실 아니냐. 땅 위에 비단 이불 덮어 놓은 것 같다 해서 비단풀이란 이름을 새로 얻긴 했다만서도 네가 사는 꼴하고는 잘 어울리지는 않는 것 같다. 조만간 내 그럴싸한 이름으로 개명해주고 싶어.

참 오래 살고 볼 일이다. 세상이 많이 변했다고 느끼겠지. 초고령사회인 지금은 건강하게 살려고 온갖 묘수를 찾으며 법석을 떠니까. 그중 최근에 네가 다크호스로 떠오르게 된 사실을 아느냐. 명약으로서 말이다. 천덕꾸러기라 천대받던 땅빈대가 급부상하여 연구가들이나 약초 마니아들에게 관심거리가 되어 있는 줄 너는 모르겠지. 이제 비단풀이라고 불러주며 인기가 엄청 드높아져서 대우받는다는 소문에 눈을 밝힌단다.

어느 약초 연구가는 신묘한 약초를 찾아 온갖 고초를 겪어가며 아마존 정글에까지 가서 구해 왔단다. 그 약초를 연구하던 중 창밖의 고랑 옆에 난 풀을 우연히 보게 되었는데 그게 우여곡절 겪으며 구해왔던 그 신비의 약초 비단풀, 바로 너희들이었다는 게야. 등하불명이라. '땅빈대'. 너의 종족이 세계로 뻗어난 건강지킴이 일등공신임을 알리는 것 아니겠냐. 땡볕을 잘 견디는 걸 보아 기후가 더운 남미 쪽에서부터 세계로 피져나간 것이 아닌가 하는 생각도 든다. 네 말대로 사명감을 띠고서 말이다.

진즉에 알고 있던 바이지만 다시 인식하게 되었다. 우리 들풀에게 애정을 가지고 바라보았으면 하는 진정한 마음에서란다. 뭐가 몸에 좋다 싶으면 씨를 말릴 정도로 혈안이 되어 야초들을 다 채취해 가버리니 말이야. 산야에 귀한 식물자원이 하나둘씩 사라져가니 여간 걱정이 아니다. 아무튼 세계 각지에 깔려 있는 야초들을 하찮게 여기지 말아야 하지 않겠어.

IT산업도 AI도 우주산업도 중요하지만 자연 속의 야초야말로 지구상의 동물과 인류 생존에 직결된 상황임을 재인식해야 한단 말이지. 너희들도 조금은 알아듣겠지. 먹고 입고 사용하는 모든 수단을 식물로부터 의지하고 산다는 그 절실한 정신을 말이야. 너야말로 인간을 좌지우지할 수 있는 작지만 큰 존재, 생명 구제를 위한 사명을 띤 수호천사라 해도 손색이 없는 값진 식물이다.

황량한 들판에서 추위와 눈바람을 덮어쓰고 부동자세로 겨울을 나는 버펄로를 보며 가슴 저밀 때가 있었단다. 풀 한 포기 찾아볼 수 없는 고원지대에서도 고행을 이겨내는 것은 곧 초록 세상이 펼쳐질 초원을 기다리는 꿈 때문이 아니겠어. 작은 풀 한 포기.

이제 소홀히 여기지 않기로 약속하마.

비단풀도 좋지만 지금부터 네 이름을 '윌드엔젤'이라 부르면 어떻겠니.

좀 과하냐. 괜찮지 않겠어.

**땅빈대 Euphoria humfusa**

- 분 포 지 : 한국 일본 중남미 중앙아시아 전 세계 각지
- 약명별명 : 땅빈대 비단풀 지금초 오공초 선도초 혈견수 내금초 점박이풀 땅쟁이풀 녹말풀
- 효 능 : 각종 항암 항염 항균 심혈관질환 결석 해독 진정 두통 이뇨 지혈 혈류 개선 양혈 유즙 분비 면역력 증대 종창 치주염 외상치료 대상포진 사마귀 원기 부족 고약 원료
- 식 용 : 여린 순(나물 김치) 담금주 녹차 건조 가루
- 꽃 말 : 기쁜 소식 일편단심

# 환삼

**등잔** 밑이 어두웠다. 지천으로 널려 있던 그 들풀에 약효가 그리 많을 줄은 미처 다 몰랐다. 어렸을 때는 마을 고샅길 담 너머에나 신작로 가에 뿌옇게 먼지를 덮어쓰고 한여름을 줄기차게 살아가는 꼬락서니가 참 보기 싫었다.

이름조차도 알고 싶지 않았던 잡초. 아무도 주의를 기울이지 않는 천덕꾸러기였다. 밭두렁에나 들녘, 개울가, 산자락, 아무데서나 닥치는 대로 넝쿨을 드리워서 영역을 넓혀가는 억센 들풀이다. 왕성한 번식력만큼은 타의 추종을 불허한다.

줄기에 미세한 솜털 가시가 붙어 있어 행여 종아리나 팔뚝에 긁히면 사나흘은 쓰리고 가려웠다. 곤욕을 치르게 하던 짜증 나는 풀.

환삼덩굴은 귀화식물 중의 하나다. 어느 목재 틈에 숨어 왔는지, 어느 포대에 숨죽이며 생명의 씨앗을 보존했는지 용하기도 하다. 이 하찮은 풀이 심신을 안정시키고 혈류장애로 인한 성인병, 각종 염증, 피부병증과 이뇨에 탁월한 효능이 있다. 풀잎과 꽃을 자세히 들여다본다. 잎새가 별처럼 예쁘다. 좋다고 생각하면 이토록 귀히 보이다니 사람 마음이 참으로 요사스럽다.

환삼은 이름도 스무 가지가 넘는 것을 보면 그 약효의 다양성과 위력을 알만하다. 일제강점기에는 환삼덩굴을 공출한 사연도 있다니 신통력을 가진 식물임에는 분명하다. 약품 조달이 어렵던 전시戰時에 많은 부상병을 치료할 기발한 대용품이었던 셈이다. 이 들풀이야말로 일본군과 우리 징용병 사이를 평화적으로 넘나드는 구호역할을 했던 게다. 지배한 나라와 지배당한 민족을 초월한 인도적인 약초가 되었으니 한 번쯤 눈여겨보았으면 싶다. 환삼덩굴을 그늘에 말려 차를 만들어 마시면서 나 자신의 혈압강하에 임상실험을 해 볼 요량을 생각해낸다.

좋은 결과를 얻게 되면 약효 전도사 노릇을 해도 나무랄 사람은 없으리라. 내가 욕심을 내어 체험하고자 하니 까슬까슬해서 손이 아프던 것도, 따가운 가시덤불도 괴롭게 느껴지질 않는다.

일부 환경론자들의 충성(?)을 듣고 놀랐다. 근래 외래종이 우리 산야를 점령하여 토종 식물 성장에 장해가 되니 섬멸 작전을 펴야 한다는 주장이었다. 귀화식물도 우리나라에 오랜 세월 자리잡고 살면 우리 산야초나 다름없다. 지구촌이 하나가 된 세상. 국경을 넘나드는 자연의 생명체를 내가 싫다고 거부할 수는 없는 게 아닌가. 외래종이라 해서 무조건 부정적이며 거부하는 마음으로 받아들이지 않았으면 좋겠다. 더구나 귀화한 지 백여 년이 넘는 이 환삼을 연구가들이 검증하고 기록을 남겼다. 다양하게 이용 가치를 높인다면, 의외의 친근한 약으로 환영받을 수 있는 가치를 지닌다.

우리나라에도 이제 귀화 이주민들이 많아졌다. 우리 문화 속에 뿌리내리고 살면 그들도 우리 민족이며 정겨운 내 이웃이다. 피부색과 문화가 다른 사람들이 이곳에 와 적응하며 토착화하기까지는 토양과 기후와 바람에 얼마나 낯설고 힘들까.

열린 마음과 눈빛으로 바라보고 포용해야 하리라. 인구 부족인 이 나라에 머지않아 다민족 인구와 문화들이 아우러져서 풍요로운 문화의 숲을 이루게 되리니.

세상에 있는 것들은 무언가 쓸모가 있어서 존재한다 했는데 바로 환삼덩굴도 민초들을 위해 나온 게 아닌가. '천불생무록지인天不生無綠之人 지불장무명지초地不長無名之草' 하늘은 녹이 없는 사람을 태어나게 하지 않고, 땅은 이름 없는 풀을 기르지 아니한다는 옛말이 있다. 대저 흔한 들풀이 훌륭한 먹을거리와 약이 되듯이 환삼덩굴도 주변에 공생하면서 우리를 돕는 약초로 거듭나고 있는 것이다.

인간이 식물을 돌보는 게 아니고 식물이 인간을 배려하고 사는 이치를 거꾸로 익히고 살아오는가 싶기도 하다. 코로나 바이러스, 슈퍼 바이러스, 트리플바이러스, 오미크론, 전파력 강한 아크투루스, 또 어떤 변이종으로 전염병을 계속 불러올지 몰라 불안을 떨치지 못한다. 환삼덩굴이 의외의 치료약으로 기적을 일으킬 수 있는 기대를 상상해 본다.

골치 아픈 식물이라 여기던 환삼덩굴이 새삼 각별하게 여겨져서 맨손으로 다듬는다. 끈질긴 투지와 근성으로 자라는 줄기가 여느 것과는 특별나서 관심을 더 끌었다. 잘 견디는 생명력과 번식이 마냥 귀찮기만 했는데 이제 와 보니 누구에게나 쓰임새를 기다리며 자라고 있었던 게 아닌가.

환삼덩굴이 내 이웃처럼 반갑다.

**환삼덩굴 humulus japnicus**

- 분 포 지 : 한국 각처 일본 대만 중국
- 약명별명 : 환삼덩굴 껄껄이풀 범상덩굴 율초 갈률만 갈륵만 흑초 늑초 갈률초 갈늑 자할인 등과강 용조용 가고과 고과등 우교적 내매초 노호등 납락등 남랍만 천장초 남랍앙 거거등 삼나만
- 효 능 : 말라리아 방광결석 폐결핵 임파선염 이질 설사 옹종 피부질환 항산화 심혈관질환 고혈압 신경안정. 항염, 나력
- 식 용 : 나물 절임 장아찌 피클 차

# 해국

**낯을** 가리지 않고 길손을 반겨준다. 바다를 끼고 도는 산모롱이는 한낮의 햇살을 받아 포근하다. 잠깐 마음만 먹으면 바닷가 모래밭을 맨발로 걸을 수도 있고 수려한 해안 절경을 보며 산책할 수 있어 좋다.

자연이 훼손되지 않고 생태계가 잘 보존되어 있는 해상공원을 가까이 둔 환경 덕분에 호사를 누린다. 해운대 바다와 광안대교, 오륙도와 동백섬 정경이 한눈에 들어온다. 멀리 이기대까지 눈앞에 펼쳐진 풍광이 빼어나서 외국 관광이라도 와 있는 기분이다.

해상공원을 바라볼 수 있는 무한 행운이 미래로 도약하는 월드 엑스포에 희망을 실어 보낸다. 대망의 부산 월드 엑스포 개최를 홍보하는 광고가 곳곳에 걸려 있다. 새로운 변화로 위상과 자긍심을 높이는 기회가 오기를 바라며 오랜만에 가벼운 마음으로 달맞이언덕 아래 곰솔밭을 향해 나섰다.

비탈진 해안을 안고 바다국화가 주르르 흐드러졌다. 갯바람 부대끼며 참고 견디며 꽃을 피우는 강인한 생명력에 놀랍다. 물기 하나 없는 바위틈을 비집고 나온 해국이 드넓은 바다 한 번 쳐다보고, 다시 파란 하늘 한 번 쳐다보며 해맑게 웃는다. 바닷바람은 해국의 향기에 취하고 해국은 해풍에 취한 듯하다. 덩달아 나도 취하여 바다바라기하며 해멍때리기에 빠져들었다.

모든 것은 필요한 만큼 신이 주시고 적당한 때에 거두어 간다고 한다. 무엇이 그리도 필요한 게 많았던가. 부족한 게 많았던가. 왜 그리 바쁜 세월을 보내었던가. 인습에 젖었다고나 할까. 나날을 허수히 지냈다 싶으면 괜스레 애가 쓰여 견딜 수가 없었다. 책임질 일이 주어진 것도 아닌 이즈음, 무엇 때문에 안달하고 초조해하는가. 나만의 자발적 시간, 여유작작 여유만만한 나날도 내가 요량할 수 있다. 자유로운 노후를 무위로 보내지 않게 건강도 챙기려 애쓴다. 여유와 해방감에 오히려 노년이 더 행복하다고 읊던 어느 작가의 화담에 공감을 가지기도 한다. 그 공감 속에 굳이 지성과 영혼과 자유가 절정의 경지에 이르는 황금기라고 말할 수 있다면 오죽 좋으랴.

공연히 나의 존재 이유를 묻는다. 있으므로 해서 존재하는 것인가. 왜 아까운 시간을 어쩌지 못하여 뇌세포가 죽어가는 공포를 느껴야 하는지 나도 모르겠다. 왜 이런 쓸데없는 생각들을 꺼내어 쓸쓸한 감정을 불러오는가. 외로움은 왜 부질없이 타는 것인가. 밖에 나가면 이제 영락없는 어르신이라 불려진다. 열정을 상실한 대가로 어르신이란 이름표를 얻은 것이라고 받아들여야 하나. 꼼짝없이 이제는 노인석에 앉아도 괜찮은 어르신이 되었다. 이 가슴은 그저도 청춘인가 싶은데 세월 따라 우여곡절을 치러 받은 어르신 대우가 아직도 어색하다.

몸과 마음 쉴 곳을 찾아 단 하루만이라도 휴식하게 해달라고 안달하던 젊은 날. 두 아들을 잠자리에 남겨두고 홀로 대문을 나서는 생활을 이십여 년. 세상에서 제일 무거운 것, 그 천근 만근하는 눈꺼풀이 열리지 않아 게슴츠레한 눈으로 새벽

같이 일터를 향해 가던 때가 엊그제 같다. 타의인지 억척인지 답답한 것인지 참으로 지극히 살아온 것인지. 어떻다 하는 열정이 없던 마른 가슴은 덤불처럼 까슬했고 무언가 꿈틀거리는 화기가 분출되지 못해 가슴엔 늘 체기로 가득했다. 이제 상노인이 되어 자유가 넘쳐나니 또 다른 안달이 찾아온다. 어떻게 얻은 자유로움인가. 틀 속에 갇혀 안도를 갈구하던 그 시절에 되려 향수를 느끼다니. 지금 내 노년은 풍요하다. 자연과 함께할 수 있는 여유가 오히려 경이롭고 기쁘다. 우선 매사에 감사와 이해, 배려와 인내가 다시 내게로 안겨 오는 기적을 얻는다. 소박하고 절제하는 습관이 간결한 비움으로 돌아온다. 남은 시간은 요량하지 않아도 뒤돌아보지 않아도 문제 될 건 없다.

'하나님. 아직도 쓰일 곳이 있거든 더 쓰이게 하소서.'

하고 모깃소리로 기도한다. 의연하게 말하고 기도할 수 있으면 진정 좋을 것을. 이제 엔딩 노트를 써 두어야 한다는 생각에 이르면 아직 할 일과 제때 하지 못한 구실이 튀어나와 인생 마무리를 할 엄두가 안 난다. 누구는 버젓한 상류 사회인으로 살고 싶지 않았겠는가. 사는 동안 목적에 도달하지 못해 체념하고 달래보고 다시 일어서면서 굵은 나이테를 둘렀다. 살아도 헛살았는지 사회를 위한 일 하나도 없이 산수를 바라보고 살아간다. 무슨 생각으로 어떤 행동을 실천하며 마무리해야 할지 아직도 멍한 채로 있다. 세상에 점 하나 남겨두고 싶었다는 감히 바랄 수 없는 생각일랑 버리고, 의료에 헌신하지 못한 안타까움을 평생 끌어안고 살아온 변명도, 내 삶과 관계 맺은 인연들을 챙기고 정 나누며 살자는 바람도 허울 좋은 말뿐, 그저 허울을 껴안고만 살아왔다. 하나님은 피조물인 인간에게 겸손하기를 원하신다. 미완의 콜라주에 덧칠할 시간이 아쉽다고 말하는 것조차도 오만이다. 바다바라기가 멍때리기를 불러와 인생 마무리를 염려한다.

가을 녘 갯바람에 시달려도 탐스러운 보랏빛 꽃을 만발하는 해국을 바라본다. 어떠한 역경에도 제 사명인 양 꽃을 피워내는 바다국화. 어느 인자認子 있어 저처럼 한결같은 결기로 생명을 다할까.

**해국 Aster spatulifolius**

- 분 포 지 : 우리나라 동서 중부 이남 해안 일본
- 약명별명 : 해국 해변국 왕해국 신해국
- 효 능 : 만성간염 소화장애 고창 기침 이뇨 방광염 체지방 감소
- 식 용 : 나물
- 쓰 임 새 : 조경 관상용

# 그린게릴라

**마음을** 다독인다. 미련을 두지 말아야지 하면서 옛집의 수목들이 그림처럼 머릿속에 자리잡고 산다. 잊으면 될 것을 왜 품고 사는지 모르겠다. 천지사방에 널려 있는 게 꽃이고 나무인데 유별나게 못 잊어 마음에 새기는 것은 무슨 이유란 말인가. 그런 탓에 해마다 봄을 앓는다.

봄이 새롭게 왔다. 봄의 전령들은 내가 불러오기 전부터 진즉 와 있었다. 오래전부터 해 왔던 그 일들을 이곳 달맞이 언덕에 와서 다시 시작했다. 계획하거나 잠재했던 게 아니고 자연스레 발길이 저절로 닿았다.

내가 좋아서 하는 일이다. 누가 시켜서 하는 일이 아니고 의무감에서는 더욱 아니다. 어떤 소명이나 책임을 지닌 것이라면 어떠했을까. 그런 생각을 한 번도 해 보지 않았고 할 필요도 없었다. 마음이 부추긴 일이니 자연스럽게 되었다.

겨울을 견디어 낸 잡초들이 비집고 나와 초록빛 강인함을 새롭게 드러낸다. 바위 틈새에서 여러 들풀이 숨겨 놓은 이야기들을 안고 내 손길을 맞이해준다. 그 순간마다에 마음이 가장 편안함을 느낀다. 갓길 언덕진 바위틈 곳곳에 솔잎채송화를 심어두었다. 아열대지방이 제 고향인 이 꽃은 온난화 덕분에 우리나라로 귀화한 지가 오래되었다. 오월부터 초가을까지 진분홍 꽃이 무리지어 핀다. 포기 나누기하여 돌보면 매해 계속 꽃을 탐스럽게 볼 수 있다. 때가 되어 핀 꽃들이 한낮이면 화사하게 거리를 밝혀주었다. 혼자서 하는 일에 산뜻한 결과물을 안겨줄 때만큼 뿌듯한 일이 어디 있으랴. 작은 수고를 심어 사라게 하는 일은 마음 다스림의 하나가 된다.

그린게릴라운동. 순수한 동기로 시작된 나만의 운동을 누구에게 알릴 필요는 없다고 여긴다. 좋아서 하는 일인데 굳이 알려진다면 의미가 없는 일이다. 도심의 자투리나 구석진 곳에 꽃과 나무를 몰래 심어 아름답게 꾸미는 일을 그린게릴라 운동이라 부른다. 1973년도, 휴스턴에서 예술 활동을 하던 리스 크리스티가 친구 보워리와 함께했던 작은 운동이다. 거리의 공터와 개인 소유 땅에 있는 지저분한 쓰레기를 치우고 꽃밭을 만드는 데서부터 시작하였다. 그녀와 동료는 그들 스스로를 Green Guerilla라 불렀다. 이 운동은 뉴욕에서 지역사회 공동체 정원으로 만들어내어 종내에는 지금의 거대한 맨해튼 최고의 센트럴 파크가 만들어진 계기가 되었다. 전쟁 용어 게릴라의 의미처럼 몰래 이루어 놓았던 작은 봉사가 세계적인 그린게릴라 가드닝이라는 운동으로 번져갔다.

을씨년스런 구석이나 외진 길가, 빈 공간 등에 씨를 뿌리고 꽃을 가꾸어 주변을 정화시키는 운동은 참으로 경건하다. 지금은 세계 곳곳에서 시민들의 아름다운 도시녹화운동으로 펼쳐진다. 수십 년 세월이 지나면서 도시림이나 도시농업이란 이름으로 변형되어가고 있다. 각박한 도시 생활에서 자연을 찾고자 하는 마음은 다 같은데 극히 자연스러운 본래의 순수한 의도가 좀 흐려지고 말아 아쉬움이 크다.

팔 년 전, 잠깐 머물다 갈 요량으로 이사했던 동네 주변에 마음을 심고 싶었다. 약국 골목, 유치원 뜨락, 공원 안, 어느 원룸 구석, 작은 공장 울타리 밑, 미장원 옆, 해강아파트 앞, 큰사랑교회 뜰, 내 살던 아파트 앞뒤, 산자락 석축 밑에 두루 꽃을 심고 오며 가며 살폈다. 군데군데 조경을 잘하여 도드라지게 보이는 것들보다 구석진 곳에서 수줍은 미모를 들어낸 작은 꽃, 평화롭고 정다운 꽃, 곱고도 소박한 그 꽃들이 누군가에게 마음을 전해수게 되길 바랐다. 세월이 흐른 지금, 그게 기회가 되어 이곳에 와서도 계속 이어 간다.

경비실 옆 키 큰 소나무 몇 그루가 있는 길섶 작은 공간을 내 미니정원이라 부른다. 이곳엔 꽃의 종류가 벌써 사십여 가지가 되었다. 부지런히 구해 모았다. 수선화 패랭이 명자꽃 수레국화 아이리스 사랑초 수국 자란 유럽달맞이꽃 둥굴레 박하 원추리 접시꽃 범의꼬리 사프란 바늘침꽃 국화 팔손이 아이비 맥문동 바위취와 이름 모르는 몇 가지. 아 참, 아로니아도 있다. 어쩌랴. 이젠 너무 밀집되어 그네들이 발 디딜 틈이 없다. 연이어 피고 지는 예쁜 꽃 때문에 오가는 동네 사람들이 관심을 가져주니 더 흐뭇하다. 물론 이 꽃들의 주인은 내가 아니고 주민들이다. 난 조용히 숨어서 이 자투리 땅을 가꾸며 봉사하는 데 의미를 두면 그만일 터다.

그린게릴라운동에 대한 필요성을 무관심하게 듣는 젊은이

들이 의외로 많다. Guerillas, 어원 그대로 소리 없이 몰래 해나가는 운동이다. 나의 작은 운동은 어느 누구도 거들어 주는 사람은 없다. 지극히 순수한 기본정신으로 혼자서 하는 것이니 섭섭하거나 도움이 필요하다고 느낀 적은 없다. 활동 반경을 넓힐 계획을 하니 이제는 공감할 수 있는 동조자가 많았으면 좋겠다는 생각이 든다. 여기저기 많은 공간들을 찾아 커뮤니티를 이루어 즐겁게 생활 운동으로 펴나갈 수 있었으면 한다.

조만간 꽃을 심는 가치와 아름다움, 꽃씨를 뿌리는 정신과 소신을 가진 자를 만날 수도 있으리라 기대해 본다. 정서와 의견이 투합하여 곳곳에서 함께하는 G.G운동으로 펼쳐나가면 얼마나 좋으랴. 곧 실현될 수 있는 동력이 빨리 나타났으면 한다. 뭇사람들은 풍치 좋은 곳을 멀리 찾아다닌다. 도시의 좁은 골목에서도 변두리 공장 담장에서도 언덕마을 경사진 둔덕에도 마음 정화할 곳은 곳곳에 널려 있다. 작고 좁은 곳에서부터 널리 이루어가는 이 운동이 자연스레 생활화되었으면 좋겠다.

시민들의 마음을 울려주는 뮤지션들이 있다. 공연장이 아닌 특별하지 않은 장소에서 이따금 개개인의 마음이 모아져 이벤트를 가진다. 역 대합실 광장, 백화점 로비 등에서 생각지도 못한 감미로운 선율을 들려주는 깜짝 연주는 신선하기까지 하다. 소규모 오케스트라, 피아노와 바이올린 클라리넷 기타 연주와 노래 등, 귀에 익은 악기들의 멜로디가 생각지도 못한 생경한 장소에서 들려올 때는 놀라움과 호감을 가지기에 모자람이 없다. 그들이 지닌 특별한 달란트에 감격하며 흐뭇한 정성에 잠시동안 영혼이 맑아지는 순간을 느낀다. 그 음악 속엔 게릴라 정신이 깃들어 있음이 틀림없다. 도심 속에서 생활인으로 제각각 일하면서도 여러 종류의 그린게릴라운동을 실천하는 일은 더할 나위 없이 복되고 가치 있는 일이라 믿는다.

건실한 씨앗을 심고 아름다운 정신을 모종하는 일이므로.

# 그래도 나에게는

**오솔길을** 오가면서 둔덕 아래 있는 초지가 눈에 번쩍 들어왔다. 전후좌우 사방으로 오십여 미터쯤 넓게 펼쳐진 곳. 저 너머로 보이는 레일 사이에는 내가 찾던 안성맞춤인 동산이 있다.

오래전 이곳에 불이 나서 숲을 태운 일이 있었다는 얘기가 들려왔었다. 처음 찾아왔을 땐 온통 누렇게 마른 풀과 나뭇가지들이 늘어져 있는 황무지처럼 보였다. 내 딴엔 멋진 발상을 자족하면서 이곳에 5개년 계획을 세우고 그린게릴라 가드닝을 실행해 보고자 쾌재를 불렀다.

간절히 산상 기도를 올렸다. '사랑하는 하나님 아버지, 바다가 아름다운 이곳에서 그린게릴라운동 정신을 펼치고자 합니다. 중도하차하지 않고 장애 없이 끝까지 잘 해나갈 수 있도록 저에게 힘과 용기를 주소서.'라고.

팬데믹 코로나가 공포를 불러오기 시작할 때다. 틈틈이 거둔 꽃씨들을 챙기고 삽목할 가지를 보아두고 꽃모종들을 열성으로 모아들였다. 도시락을 싸 들고서 배낭 두 개에다 이 모두를 이틀 걸러, 사흘 걸러씩 자주 들르는 갈맷길 아지트에 들고 날랐다.

녹녹치 않은 작업이다. 언덕 위 미리 보아둔 장소에 마른 풀뿌리를 파헤치고 덤불을 정리하여 여기저기 모종하고 씨를 뿌리고 꺾꽂이와 삽목을 했다. 힘은 들어도 머지않아 여러 새싹이 올라와 자리잡고 꽃을 피우게 되리라 기대하며 억척을 떨었다. 피곤도 모른 채 가슴은 마냥 부풀었다. 그리곤 비님이 알아서 자주 내려주시길 비손하였다.

그곳엔 몇 그루 소나무만이 가파른 언덕을 지킨다. 옛 성터 모양 오래된 석축 위에서 막 꽃눈을 맺고 있는 여린 오동나무가 있어 그나마 볼거리를 더해 주리라 싶었다. 오동나무 가지

사이로 바다가 보이고 파도 소리 가까이 들리는 해안도로에 관광 순회 열차가 운행될 예정이었다. 예전의 철길이 폐쇄되고 모노레일을 설치 작업 중이라서 무척 기다려지는 터였다.

모노레일을 떠받치는 기둥이 이백여 개가 넘는다. 내가 낙점해 둔 장소는 66번 기둥을 뒤로한 동산과 맞닿아 있다. 일찍부터 나는 그곳을 혼자서 '풀별신전'이라 이름해 두었다. 설렘은 이미 작은 가든을 눈에 그려두고 이내 실행에 옮겨보자는 야심을 가졌다. 스카이캡슐을 타고서 차창 밖으로 보이는 뜻밖의 꽃동산에 환호성을 지를 관광객들을 상상해보며 다가올 미래를 꿈꾸었다. 적어도 서너 해쯤 공을 들이면 결실을 보이지 않을까 가늠하면서.

오월이 밝아왔다. 여전히 거리나 산야엔 백화가 만발하고 새봄의 연초록이 영혼을 맑혀주듯 연둣빛 잎새들은 윤기를 더해간다. 오랜 투병으로 쇠약해진 언니 생각에 한편으론 애가 쓰였다. 여섯 형제 모두 이승을 떠나고 마지막 하나 남은 언니에게 마음속 깊은 회한을 남기지 않으려는 간절함에 잠시나마 간병을 자처했다. 자연치유마을로, 병원으로, 힐링센터와 서울 자택으로 이리저리 옮겨 다니며 정성을 들였지만 회복은 어려워만 갔다. 의지와는 다르게 나의 체력도 부실해지면서 도우미 노릇을 감당하기가 힘들어졌다. 허리 무릎에 극심한 고통이 밀려와 애석하게도 간병인, 동생, 가정부 노릇을 중지하고 돌아올 수밖에 없었다. 그러한 연유라 하자. 나의 풀별동산엔 가 볼 엄두도 내지 못하고 널브러진 전신을 추스르기까지 한 달 넘어 오롯이 소모하게 되었다. 그러저러 두어 달이 지나간 사이, 동산엔 전혀 낯선 원시림이 버티고 있었다.

'이곳은 우리의 영역입니다.'

허락도 없이 범접하여 감히 무례를 저지르느냐는 듯 덩굴 식물들이 무성하게 우거져 있다. 상상을 초월한 낯설고 거친 정경에 질리어 주저앉고 말았다. 사월 초에 심어 놓았던 오십여 가지 종자들은 모두 흔적조차 찾아볼 수도 없고 갖가지 잡풀과 억센 덩굴이 당당하게 밀림 속에서 공동체 세상을 이루고 있었다. 그들은 단지 겨울잠을 자고 일어났을 뿐이라 했다. 수십 년 전서부터 살아왔던 터줏대감들은 새로 무장한 생명체들과 여러 정령들이 한데 어울려 나를 압도해버렸다. 무서웠다. 어떻게 이럴 수가. 두려움이 소름처럼 돋아났다. 왜 지혜를 주시지 않았느냐고 하늘에 대고 소리치고 싶었다. 어쩌자고 이 일에 도전할 마음을 먹었을까. 겁 없이 시작했을까. 차라리 그냥 외면하는 게 나았을 것을. 어설프고 섣부른 의욕으로 용기와 희망을 가져보게 되었던 것이다.

내 생애 마지막 소망이자 소명으로 알고 실행하려 했던 것이 처음부터 좌절되고 말았다. 좋은 영감으로 시작했어도 예상치 못한 장애로 감당하지 못할 수도 있다. 복병도 아니었고 장애물은 더더욱 아니다. 이룰 수 있는 원동력이 따르지 않았다고 핑계를 삼을까. 나의 꿈은 한낱 꿈속의 드림이었을 뿐인가. 꿈을 실현해 보고자 내 취향에 맞게 길들이고 바꾸고 하는 것은 오만이고 착각이었을지도 모른다. 자기의 흔적을 남기고 싶은 본능이랄까, 욕망에서 내 존재를 증명하려는 것이라 할 수도 있겠다. 의도했건 하지 않았건 간에 성취와 만족을 뇌리 속에 계산하고 있었던 것은 부정하지 않는다. 인간은 아름다움이라는 미명 아래 흔적을 남기려 드는 욕심을 갖게 된다. 야생 덩굴은 그들대로의 생존의 가치와 아름다움이 있기 마련일진대 섣부른 행위에 오만함을 벌하는 것이 아닌가.

공생공존하며 제 몫을 다하는 생명 위에 내가 새치기하여 군림하려 들었던 셈이다. 난 다만 알맞은 공간에 정신 모종을 하듯 씨를 심고 여러 종류의 꽃들이 만개하여 달맞이와 어울리는 풀별동산을 이루기를 염원하였다. 단계단계 조금씩, 동산을 차분히 이끌어 가고 싶었다. 아름다움을 함께 공유하며 기뻐하고 즐기며 나누고 싶었다. 그게 어찌 오만이고 착각일 수가 있겠는가.

자연 모습 그대로 그들의 이야기를 들으며 숲에 대한 애정으로 바라만 보아주는 게 도리였지 싶다. 없어도 되는 하찮은 잡풀과 넝쿨식물들이라 얕보고 무시하는 생각들을 예사로 품고 살았잖은가. 경사진 언덕을 지키는 파수꾼이며 뭇 생명들의 먹이를 제공하는 작으나 큰 몫을 다 하는 식물인 것을. 겸허한 자세로 그들 존재에 대한 가치를 인정하며 그들의 영역을 해치지 않으리라 마음먹는다. 차라리 어느 척박하고 쓸모없는 구석진 곳에 있는 쓰레기와 돌멩이를 치우고 화전을 일구듯 열심히 작은 도시림을 이루는 게 옳았을지도 모르겠다.

그린게릴라 가드닝을 혼자서 감당하기는 역부족임을 느낀다. 기동력과 노동력이 따라야 하고 마인드를 함께할 동료가 있어야 한다. 우선하는 것부터가 준비되지 않고 커뮤니티가 이루어지지 않은 상태에서 혼자만의 부단한 노력으로 하겠다는 게 무리인 줄은 안다. 그래도 혼자 해내고 싶었다. 뜻하고자 하는 일에 중도하차 하지 않기를 기도했건만 끝까지 해낼 수 없는 무력함에 가슴 아렸다. 그건 나의 시행착오가 아닌 자연에 대한 겸허를 모르는 자세에서 온 것이다.

그렇게 나의 5개년 계획은 처음부터 시행착오를 하고 말았다. 그래도 나에게는 어느 곳엔가 다시 시작해볼 수 있는 시간이 남아 있다고 믿는다.

# 자화지정

**아주** 오래전 어느 영화에서였다. 주인공 남자는 연인에게 작은 제비꽃 꽃다발을 선물한다. 사랑의 징표는 그것으로 충분하였다. 어떤 대화도 행동도 하지 않으면서 마음을 전하는 그 장면에 너무 감격스러워 깊은 인상을 간직하였다.

언젠가 저런 선물을 꼭 받을 수 있었으면 하는 간절한 바람을 가졌다. 하지만 이내 영화와 꿈에서나 이룰 수 있지 내겐 그런 인연이 나타나지는 않을 거라며 일찌감치 미련을 버렸다. 그런데 생의 끝자락이 보이는 지금 이별의 인사를 제비꽃으로 받고 싶다는 생각이 불현듯 살아나 가시지 않는 울림이 밀려온다.

아직 싸한 바람이 들녘에 마른풀을 들썩이는 이른 봄이면 제일 부지런한 몸짓으로 달려오는 전령사이다. 민들레 봄까치 복수초 바람꽃 노루귀 얼레지 처녀치마 변산바람꽃 등, 야생화 중에서도 제비꽃은 봄을 가장 먼저 알려주며 마음을 움직이는 정령이다.

추위를 피해 강남 갔던 제비가 돌아올 무렵 꽃이 핀다고 해서 제비꽃이라 불렀다. 요즘에는 제비가 오지 않으니 어린 세대들은 알지 못하는 옛이야기가 되었다. 우리에겐 오랑캐꽃이라는 이름으로 친숙하게 덧붙여 불리던 제비꽃. 수백 년 전 우리 조상들이 힘겨운 겨울을 나며 봄을 기다리고 있을 때 두만강 위쪽 만주 지방에 살던 외적들이 와서 마구 약탈을 하였다. 오랑캐 그들도 굶주림을 면하고자 남쪽으로 침략해올 때 피는 꽃이다 해서 오랑캐꽃이라 부르게 되었단다.

블루 퍼플 바이올렛, 애절한 그리움을 전해주는 이 꽃의 향기는 은밀하다. 고운 빛깔은 차분하고 겸손한 여인네를 연상케 한다. 유럽이나 북미 쪽에서는 여러 종류 색깔의 꽃을 피우는 제비꽃이 있어 봄의 따스한 감성을 일깨운다.

중세시대 이후 그리스도교가 번성하던 때였다. 성모마리아에게 바치는 장미와 백합 제비꽃, 이 세 가지 꽃 중의 하나로 제비꽃이 포함된 것은 아마도 겸양과 성실, 진실한 사랑과 낮은 자세를 의미하는 꽃말이 대신 암시해주나 싶다. 마리아의 성스러움이 중세시대 전성기를 거쳐 현대에 이르기까지도 사랑받는 이유가 되었다.

낮은 자세로 바라보고 사랑스럽게 바라보면 더욱 예쁘다. 특히나 프랑스에서 나폴레옹이 가장 좋아한 꽃이었다는 '제비꽃 사랑'은 유명하게 알려져 왔다. 조세핀과 나폴레옹의 부조화한 사랑의 표현에 얽힌 실화와 명예 회복을 위해 엘바섬에서 와신상담하던 나폴레옹의 제비꽃에 얽힌 일화는 후에 프랑스 문화에까지 영향을 미쳤다. 더욱 왕족이나 상류층에서는 사치스러운 장식에서부터 요리의 재료에 이르기까지 광적인 사랑을 받은 꽃. 오묘한 매력을 주는 제비꽃 향은 지금까지도 고급 향수의 재료로 이어져 온다.

괴테 나폴레옹 처칠 루소 플라톤 김홍도 그 외의 고금을 막론하고 많은 예술인들은 우리 선비가 난을 사랑하듯 제비꽃을 시로 읊고 그림으로 영화로 예찬하였다. 탈리아비니 피셔디스카우도 도메니코 푸르누이 시와 괴테의 제비꽃 시를 노래로 불러 구슬픈 사랑을 더욱 부채질했다. 서정적인 멜로디를 엮은 우리네 젊은 조동진의 제비꽃은 몽환적인 감성을 불러일으켜 눈을 감기게 만든다. 시대적인 메시지를 안고 있는 단원의 '황묘농접도'에서는 붉은 패랭이꽃과 검은 제비나비, 어린 고양이와 제비꽃에 봄을 환영하는 따스한 한낮을 엿본다. 거기에도 제비꽃이 함께한다. 제비꽃은 동서를 넘나들며 사랑을 받았다. 왜 많은 사람이 유독 바이올렛을 더 사랑했는지 작고 작은 그 꽃에 매료되었는지 알만도 하다. 모두가 사랑하는 제비꽃. 제비꽃이 상징하는 봄은 다 표현할 수 없는 많은 의미를 안겨주므로. 너무 이쁘고 사랑스러운 제비꽃.

자화지정紫化地丁은 한약명으로 제비꽃을 이른다. 자줏빛 꽃으로 땅에 꽃대를 꽂고 있는 모양새를 표현한 자화지정. 이름을 보아하니 일찍이 중국 식물학자가 중국명으로 학명을 잽싸게 선점 등록한 듯싶다. 우리 훌륭한 토종약초도 많건마는 어찌하여 학명으로 등재를 제대로 올리지 못했을까.

민초들의 심신을 도우려 태어난 자화지정. 이들의 종족 보존은 좀처럼 상상할 수 없는 개미와의 공생공존하는 기발한 생존전략으로 이루어진다. 깽깽이풀, 애기똥풀, 광대나물처럼 제비꽃 씨앗에는 앨리오좀이라는 지방산 덩어리를 담고 있다. 개미는 이 영양을 취하고 이곳저곳에 씨앗을 버리면서 옮겨주는 일꾼 노릇을 해준다. 앉은뱅이처럼 자세가 낮아서 씨앗을 날리며 퍼트릴 수가 없음에 하늘의 도우심인지 저들끼리 약속인지 호기심이 넘친다.

자화지정은 민들레(포공영)와 함께 단짝을 이루어 각종 염증 치료와 항산화 효과에 탁월한 약재로 쓰인다. 화학적으로 합성한 약이 아니고 자연에서 얻는 순수 항생제 항산화제인 것이다. 한약에만 의존하던 시절엔 이웃에서 쉽게 구할 수 있는 치료약이며 명약이었다. 나태주 시인의 '풀꽃2'에서처럼. '이름을 알고 나면 이웃이 되고/ 색깔을 알고 나면 친구가 되고/ 모양까지 알고 나면 연인이 된다/ 아, 이것은 비밀.'

아! 자화지정. 제비꽃의 비밀이여~

**제비꽃(자화지정) violet, viola mandshurica**

- 분 포 지 : 한국 중국 일본 아시아 러시아 유럽
- 약명별명 : 자화지정 양각자 독행호 전두초 오랑캐꽃 반지꽃 앉은뱅이꽃 외나물 장수꽃 씨름꽃 민오랑캐꽃 병아리꽃 옥녀제비꽃 가락지꽃 참제비꽃 참털제비꽃 큰제비꽃
- 효 능 : 각종 염증 소염 해열 청열 양혈 해독 항균 폐렴 안과 질환 항산화 항혈전
- 식 용 : 나물 샐러드 꽃차 화전
- 쓰 임 새 : 향수 원료 꽃 염료(눈화장) 술 재료

# 공벌레

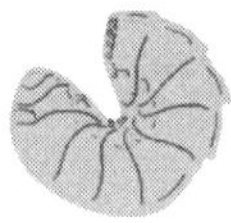

강건한 생활인으로 살고자 한다. 그런 생각에 지각은 절대 하지 말자는 다짐으로 일터에 일찍 도착하려고 부지런을 떤다. 신호가 한 번만 바뀌어도 버스를 놓칠 때가 많다. 다음 차가 올 때까지 길에서 십여 분은 소모하기 때문에 종종대기 일쑤다.

출근을 서둘다 보면 남편의 아침 식사 준비가 좀 미흡했다 싶을 때가 더러 있다. 간편하고 영양 있게 하려 애쓰긴 하지만 점심 준비까지는 솔직히 부담스럽다. 점심 한 끼는 알아서 해

결해 주었으면 하고 바라는데 말처럼 쉽지 않다.

이 습관은 서로 간에 자연스러운 생활이 된 지 오래다. 자기 식성을 집밥으로 끊임없이 고집한다거나, 스스로 가장의 위상을 지키려 버틴다거나, 해 주는 사람이 있으니 당연히 차려 주는 밥상을 받는다거나, 아주 챙겨 먹기 싫다거나 하는 등 구태의연한 버릇은 고정된 관념을 버리지 못하는 핑계이자 자기 합리화이다. 전근대적인 생각을 포기하지 않으려 든다. 흔히 말하는 간 큰 남자로 불리기에 충분하다. 이를 이해하고 감당하는 나의 힘은 오로지 그가 오래도록 노환을 앓고 있다는 이름표를 달고 있기 때문이다. 의무를 다하듯 대하는 나에게도 문제가 있긴 하다. 인내심과 넓은 도량을 지녀야 함은 당연지사고 슈퍼우먼으로 살아가야 하는 형편임에랴.

의지와 각오도 나이에 비례하는 것인가. 몸속의 감각이 여실히 말해준다. 부정할 수 없는 신호다. 인공지능으로 인해서 인간의 기능을 당혹하게 만드는 세상이 되었다. 행여 인공지능이 인간의 뇌세포를 젊게 되살려 놓는다면 이깟 고민쯤이야 쉽게 덜어낼 수 있겠지 하는 공상을 해 본다. 가능한 공상보다 짧게나마 지금 팔팔한 정신과 육체로 살고 싶다. 자고 나면 갈 곳이 있고 할 일이 있다는 것만으로도 얼마나 큰 축

복인가.

내 일터에 가면 노인성 질환자 투약에 세심하려 애쓴다. 과다투여나 중복투여로 더 고통받을 수도 있기 때문이다. '모르는 게 약이다.'라는 말이 염려 앞에서는 부질없는 소리다. 문제가 좀 복잡하다 싶을 때 묵묵히 있어야 한다는 게 더 그렇다. 모르는 체하는 게 약이 될까. 공명심을 발휘할까. 고민에 빠진다. 그런 와중에 흙 속에 있어야 할 공벌레Pillbugs가 왜 거실 바닥에 생경스럽게 등장했을까. 못 말리는 궁금증이 순간을 붙든다. 놀라움과 흥미로운 화젯거리를 약 이야기밖에 모르는 동료들에게 전해보리란 생각에 빠지기도 한다. 이 쪼그만 공벌레가 일산화탄소를 다량 배출하는 미생물을 잡아먹어 치워서 지구온난화를 막는데 기여한단다. 때때로 시시콜콜 감성을 일으켜보는 일도 내가 할 일 중의 하나다. 소나무 밑 미니 정원에 봄을 알리던 수선화의 나팔 불기가 끝난 후, 진보랏빛 아이리스가 우아하게 피어나 꽃소식을 전해주는 일도 마찬가지다.

곤충들의 더듬이처럼 내 몸으로부터 나오는 감각은 쓸데없는 걱정들을 잠재우지 못하는 독성을 품은 약이 되기도 한다. 미약한 힘이나마 주변에 기여하며 살고자 하지만 공벌레보다 못한 더듬이를 가진 탓에 생각으로만 그치고 만다.

아침에 현관문 앞에서 필사적으로 흙의 기운을 찾으려는 공벌레를 또 발견했다. 어쩌다 길을 잃었는지 땅속으로 돌아가고자 허공에 촉수를 허우적거리며 방향을 감지한다. 냉기 어린 대리석 바닥에서 발길을 재촉하는 모습이 사막의 광활한 모래 위를 걷는 것처럼 보인다. 이놈은 긴 시간 동안 발을 동동거리며 제 몸을 일으키지 못하고 애를 태운다. 무언가 작은 버팀목이라도 있으면 일어나 제 갈 곳을 찾을 것인데 애타게 기다리는 신세가 되었다.

이 작고 괴상하게 생긴 놈이 벌렁 누워서 곁눈으로 나를 들여다본다. 공벌레가 나에게 잠시 연출을 맡기고 있는 거나 아닌지. 그냥 살아져서 사는 건지 제 임무를 다하려고 사는지 물어보는 듯도 하다. <변신>에서 그레고르 잠자의 측은했던 몸부림을 떠올리며 살짝 건드렸다. 내 흥미와 관심이 그에게는 슬로우 미디어로 다가오는 거대한 공포의 대상일 것이다. 때그르~ 몸을 공처럼 돌돌 말아 굴러간다. 방해꾼이나 적이 없을 때 재빨리 바른 자세로 제 길을 갈 필사적인 방어 수단일 터이다. 저게 난지 내가 저인지 어리둥절하다.

하찮은 미물도 열심히 제 몫을 하며 자연 속에서 필요한 존재로 살아가고 있다. 생명이 있는 모든 것들은 세상에 필요해서 태어나게 하였고 이름이 지어졌다 하니 당당히 살아가라는 뜻이 아닌가. 아직도 나를 필요로 하는 일터가 있다는 것까지도. 어쩌면 남편 밥상 차리는 일도 늙은 아내를 더 당당하게 만들려고 한 것은 아닌지. 그가 떠나고 나니 비로소 깨치게 된다.

언제 어느 때고 내 잡다한 기억들을 뇌 속의 해마에서 불러내 올 수 있었다. 이제 갈수록 잦아지는 잊음은 어쩔 수가 없다. 달맞이 동네에 해무가 자욱이 끼이는 날이나 바람이 가로수를 요란하게 흔드는 날에는 나의 이백오십 뼈마디가 꼼짝없이 우후죽순처럼 일어나 들쑤셔댄다. 내 몸의 감각은 액티브 시니어가 아님을 증명이라도 하는 듯 통증으로 반응을 보낸다. 소홀했던 체력단련을 다시 시작하여야겠다. 아직도 미진한 내 몫의 일들을 다 해야 하리니.

김초성 들풀 에세이

# 풀별 일지

**초판1쇄 발행** 2023년 8월 30일

**지은이** 김초성
**펴낸이** 이길안
**펴낸곳** 세종출판사

**주소** 부산광역시 중구 흑교로 71번길 12 (보수동2가)
**전화** 051－463－5898, 253－2213~5
**팩스** 051－248－4880
**전자우편** sjpl5898@daum.net
**출판등록** 제02-01-96

ISBN 979-11-5979-616-6 03810

정가 13,000원

부산광역시 BUSAN METROPOLITAN CITY 부산문화재단 BUSAN CULTURAL FOUNDATION
본 도서는 2023년 부산광역시, 부산문화재단 〈부산문화예술지원사업〉으로 지원을 받았습니다.